U0048179

༄༅། །དག་ཞིང་གི་རྒྱབ་ལྗོངས།།

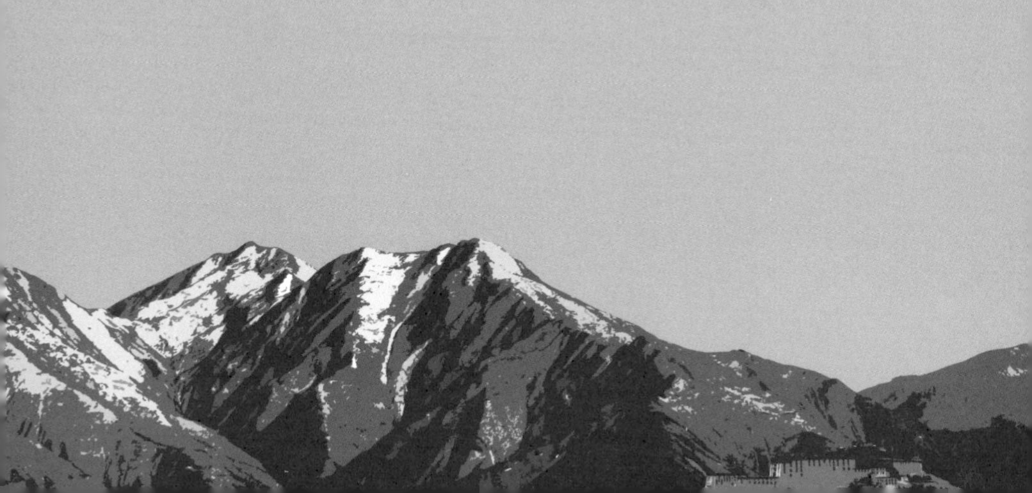

樂土背後

真實西藏

༄༅། །དག་ཞིང་གི་རྒྱབ་ལྗོངས།

唯色
著

導讀

西藏女子，永恆之光

曾建元

國立臺灣大學國家發展研究所法學博士／中華大學行政管理學系副教授／國立臺灣大學國家發展研究所兼任副教授暨客家與多元文化研究中心特約副研究員／國際藏漢筆會常務理事，臺灣圖博之友會監事，臺灣漢藏友好協會常務理事

當代西藏史詩的書寫者

茨仁唯色，臺灣和海外中文世界最熟悉的西藏女作家。她的著作多數在臺灣出版，讓我們看到經幡和紅旗覆蓋下西藏人一張張真實的表情，讓我們聽到誦經和紅歌聲後西藏人隱隱的哭泣。因為唯色堅定又堅強的意志，流利而溫暖的文字，讓西藏人民知道，他們的委屈和他們的苦難，有人在為他們記錄，有人在為他們禱祝。他們不會被世界遺棄，不會孤獨煢孑，在諸天神佛的保佑下，他們的故事將成為西藏的民族史詩，一波一波，一代一代，鼓舞與號召各地的仁人志士，一同為西藏民族的自由與解放而奮鬥努力。

自覺站在藏人與良心的一方

唯色選擇這一個為西藏而書寫和發聲的戰鬥位置，並不是天經地義、理所當然的。其實，她有一個漢人名字，程文薩。她的祖父本是重慶江津地區出身的民國國民革命軍軍

官，因戰亂等而後遁世至藏東康區德格縣（今屬四川省甘孜藏族自治州）落戶，與一位藏族康巴女子成家，生下了唯色的父親程寬德／澤仁多吉。一九五〇年，年僅十三歲的程寬德跟著中國人民解放軍進入了西藏，而後，成為中華人民共和國重點培養的治藏軍事幹部，和出身衛藏日喀則地區貴族的西藏民族幹部女子成婚。一九六六年，時值中國文化大革命，在西藏軍區政治部任軍官的程寬德，熱血沸騰地為初生的愛女取漢名為文薩，紀念她在文革中的拉薩出生，又起藏名茨仁唯色，意指永恆的光輝，用以頌讚中國共產黨主席毛澤東。唯色在拉薩和藏東康區長大，及長赴笈四川省會成都西南民族學院預科高中部和漢語文系，一九八八年畢業後在四川《甘孜報》擔任記者和編輯，一九九〇年回到拉薩，任職於《西藏文學》編輯部，直到二〇〇三年，因散文集《西藏筆記》一書被政府思想檢查認定有政治錯誤而遭到查禁，她拒絕檢討和安排，自此脫離黨國事業體制，成為一個獨立的撰稿人。二〇〇四年和關懷少數民族命運的異議作家王力雄結婚。

由上述的簡歷可知，唯色原本出身西藏的紅朝權貴，從漢人的父權文化角度，有四分之一漢人血統的她會被歸類為漢人，但在認同上，她選擇了她父親所屬軍隊所鎮壓的民族，西藏；而在政治上，她也背叛了父親偉光正的黨國，心向雪域佛國，以悲懷投入苦海，在精神上與被壓迫的人民同生共死。

唯色蟄居於北京和拉薩，通訊與出入皆受國家監視，親友往來都受到關切和警告，像是被隔離的傳染病患者。二〇〇八年北京舉辦夏季奧林匹克運動會，流亡藏人在印度發起返鄉長征，三月十四日拉薩僧侶上街紀念西藏抗暴遊行遭軍警鎮壓引發暴動，藏人自焚抗議事件蜂起，唯色當年八月中回到拉薩探望母親，家裡竟遭軍警闖入，將唯色帶到市公安局拘禁盤問八小時，警告她不得拍攝與對外發送軍警占領拉薩街頭的畫面。唯色在自己的家鄉受到國家暴力的恐嚇，這是她選擇作為藏人，站在良心的一方的結果。她在博客上留下了「拉薩的恐懼，令我心碎」的文字，讀之令人驚怖亦心疼不已。二〇〇八年，藏曆土鼠年，成為唯色寫作生涯的分水嶺。

從唯色看見真實的西藏

在精神上，她和中華人民共和國徹底決裂了，她關於西藏的書寫，為西藏的統治者帶來極大的不安，深怕她用筆掘開中華人民共和國的統治正當性，所以傾全國之力，全面封殺唯色，自此，唯色不能在中華人民共和國境內出版任何書籍，或是在任何平面或網路媒體發表文字作品，她在海外出版的書全都是禁書，她的名字成為網路的敏感詞，統統不准在中華人民共和國出現。對於一個職業撰稿人而言，國家不僅在斷她的生路，也在要她從中華人民共和國的土地上徹底消失。但上天總有好生之德，唯色通過谷歌伺服器建立了她的博客——《看不見的西藏》，這是唯色在中國封鎖（China Blockade）下與自由世界交通往來的空中安全走廊。在中國大陸因為屏蔽，看不見《看不見的西藏》，但全世界卻從這裡，看到了表象上看不見的西藏。

作為藏人，唯色在思想與言論自由慘遭侵害的另一個下場，是人身自由的遭到限制，她曾數度受邀出國訪問，但國家就是不肯發給她護照。不全是因為她被視為異端，而是這是境內藏民的共同命運。他們甚至連到中國各地旅行投宿，只因為是藏人，都會遭到店家拒絕或警方盤查。這種結構性的歧視，反映的是國家對於少數民族的不信任，而這種不信任來自於少數民族並沒有認同這是他們的祖國。為什麼不認同？因為國家的民族治理從沒有信守自己對於名副其實的民族區域自治的憲法上承諾，他們用《中華人民共和國憲法》中國共產黨的領導此一憲法基本原則根本地架空了憲法，然後讓漢人主導的中國共產黨來實際控制各地和各級的人民代表大會和人民政府，再以中華民族主義包裝的中國共產黨帝國主義，來掩飾他們對少數民族地區的殖民掠奪。所以藏人在自己的土地上成為異鄉人，被關進中國，或者被趕出西藏。而無論在喜馬拉雅山的這一邊或那一邊，都在外國，都在流浪。

二〇〇五年起，唯色與王力雄即為美國自由亞洲電臺（Free Asia Radio）普通話和藏語部撰寫中文評論，每週各一篇，再由電臺翻譯成藏文，這一長期不輟延續至今的筆耕，以作為來自西藏現場的唯一獨立之聲，成為當代西藏歷史最為完整而深刻的週記，既記錄了中華人民共和國大國崛起陰影下西藏人民的磨難，也記錄下了西藏人民對諸天神佛的祈願，對於自由、幸福和尊嚴的渴望。二〇〇五年至二〇〇九年的評論，已選編為《聽說西藏：發自西藏現場的獨立聲音》一書在臺灣出版，二〇〇九年至二〇一二年的評論，亦已選編為《圖伯特這幾年：聽說西藏之二》一書在臺灣出版，二〇一一年至二〇一五年最新的選輯，則專收唯色個人的作品，合為本書《樂土背後：真實西藏》。

《樂土背後：真實西藏》一書的時代背景

二〇一一年至二〇一五年之間，西藏發生了什麼大事，或許我們先做一些背景認識，有助於我們進入唯色所探討的議題。

二〇一一年是中華人民共和國入侵西藏六十週年，當年在解放軍大舉壓境之下，西藏甘丹頗章王朝政府被迫同意簽訂《中央人民政府與西藏地方政府關於和平解放西藏辦法的協議》十七條。中華人民共和國為此擴大舉辦和平解放慶祝活動，並發表《西藏解放六十年》白皮書，細數解放西藏百萬農奴的成就。但對於西藏人而言，這卻也是西藏淪亡的序幕。為此，三月有多起藏傳佛教僧侶自焚抗議事件爆發。七月，國家副主席習近平訪問拉薩。另一方面，第十四世達賴喇嘛丹增嘉措則宣布辭去一切政治職務，於八月將國家元首的職權移交於第一位經由海外流亡藏人直接民選產生的噶倫赤巴（首席內閣大臣）洛桑森格，甘丹頗章王朝之神權體制至此終結。九月，達賴喇嘛聲明，將會檢討與決定是否延續其轉世。在此同時，中共西藏自治區委員會與西藏自治區人民政府共同頒布了《關於加強和創新寺廟管理的決定》，推動系列惠寺惠僧政策，包括在各寺廟建立寺廟管理委員會／處，建黨組織與常駐幹部，在各寺廟實施「九有」工程，使之有毛澤東、鄧小平、江澤民、胡錦濤領袖像、五星紅旗、報紙、文化書屋、廣播電影電視、路、水、電與通訊覆蓋。其政策用意顯然是要以黨書記取代堪布主持寺務，用共產黨領袖像取代達賴喇嘛法相，以政治介入宗教。

二〇一二年開春，四川省甘孜州爐霍縣的自焚未遂事件和青海省果洛州達日縣的自焚既遂事件，以二〇〇九年西藏新年洛薩節由格爾登寺僧人扎白在四川省阿壩州阿壩縣點燃境內藏地第一把火同樣的決絕，向全西藏五個藏區和印度海外流亡社會迅猛延燒，藏傳佛教僧侶與西藏牧民、學生自焚的抗議事件遍地發生。中華人民共和國為此更加強化對藏人社會的監控，也因一月達賴喇嘛在印度舉辦時輪金剛灌頂法會，吸引萬餘境內藏人蜂擁與會，引起中華人民共和國不悅，而於四月起全面收回藏人護照，導致藏中對立情緒更加高漲。不過，基於各方對於習近平新人新政的期待，八月習近平世交亞太交流與合作基金會副主席蕭武男訪問印度後，就流出中華人民共和國可能允許達賴喇嘛訪問香港或前往五臺山朝聖的傳言。九月，西藏人民議會修改《西藏流亡憲章》，將噶倫赤巴改稱司政。十一月，中國共產黨召開第十八次全國代表大會，習近平就任中共中央總書記。習近平倡言中國夢，指其內容就是實現中華民族的偉大復興。然而，中國夢裡塞得進藏人的夢嗎？藏人用最猛烈和集中的自焚在十八大期間向習近平質問。

二〇一三年是第十三世達賴喇嘛圖登嘉措發布《西藏獨立宣言》並與大蒙古國簽訂《藏蒙條約》相互承認獨立的一百週年。三月當選中華人民共和國國家主席的習近平，於全國人民代表大會與中國人民政治協商會議兩會召開期間，提出「治國必治邊，治邊必穩藏」的安全戰略主張，顯示中華人民共和國對於西藏人民以自焚表達的反抗能量的憂慮。而由二〇〇五年開展的長江、黃河、瀾滄江青海省三江源地區生態移民城鎮化安置工程，即以環境生態保護為由對西藏牧民的迫遷政策，則延伸進行到甘肅省甘南州，然不當的安置計劃早已形成城市邊緣藏民嚴重的社會經濟與宗教文化問題。而對西藏生態最大的影響，事實上是漢人企業隨西藏旅遊開發而大量湧入西藏的現象，使西藏生態環境和西藏民族經濟皆備受威脅。藏人自焚事件持續延燒，康區和安多藏人進入衛藏拉薩需經檢查與持證，強化對西藏分而治之的統治力度。

二〇一四年為西藏的人權災難年。為了壓抑藏人民族意識、防止自焚抗爭的擴散，以及阻擋藏人投奔流亡西藏，中華人民共和國嚴格限制發給藏人邊境通行證以前往岡仁波齊聖山進行藏俗所重視的聖山本命年馬曆年轉山，也限制對藏人核發護照，不允許出國旅行、學習和朝聖，以避免內外聲息相通。此外，繼二〇一二年青海省黃南州和二〇一三年四川省阿壩州若爾蓋縣頒布連坐懲罰自焚者親友的地方法規後，連坐法在西藏全區普遍推廣實施。而最荒唐者，是西藏自治區宗教工作領導小組制定計劃，預計在未來十年培養一百名愛國愛教的藏傳佛教活佛。達賴喇嘛九月在印度接受德國媒體訪問時透露，考慮終結達賴喇嘛轉世制度。

二〇一五年為西藏自治區成立五十週年。但這也意謂著中華人民共和國對西藏的實質併吞五十週年。三月，西藏自治區主席白瑪赤林批評達賴喇嘛可能不轉世的決定是對藏傳佛教的褻瀆。七月，深受愛戴的四川省甘孜州理塘縣丹增德勒仁波切瘐死獄中，骨灰被公安劫去，倒入大渡河中滅跡。他被六月判刑入獄的前中共四川省委員會書記周永康於任內指控從事恐怖攻擊。丹增德勒平反未成，卻突然於黑牢去世，多數懷疑係周永康餘黨擔心平反，將使其做案陷害的事證被掀出，而加以殺人滅口。八月，中央第六次西藏工作座談會在北京舉行，習近平全面闡述治藏方略，將其所謂達賴集團的流亡西藏定性為分裂勢力，並將在《中華人民共和國憲法》框架下實現名副其實的西藏民族區域自治的所謂中間道路主張，定性為西藏獨立。這一年六月是達賴喇嘛的八十歲大壽，中華人民共和國送給達賴喇嘛的生日禮物，是將流亡西藏的主張標籤為藏獨，然後關上溝通對話的大門。九月，中華人民共和國國務院新聞辦公室發布《民族區域自治制度在西藏的成功實踐》西藏白皮書，誣指中間道路的最終目的，是要在西藏恢復神權政治。不遑多讓的是，中華民國總統馬英九也關上了國門，拒絕達賴喇嘛來臺灣歡度大壽。

以上是筆者隨舉二〇一一年至二〇一五年的藏中大事。簡而言之，這大致是習近平和洛桑森格分別主持中華人民共和國和流亡西藏的階段，習近平反腐抓權，而流亡西藏則已深化民主，展開世代交替。達賴喇嘛刻意卸除政治職務，為的是能以宗教領袖的身分和中華人民共和國重新對話，但事實的發展，卻令我們感到失望，習近平非但沒有放鬆對西藏的控制，反而在政治態度上更強硬地對待流亡西藏，同時表現出積極介入藏傳佛教教務，以便深入控制西藏民心的意圖。

閱讀唯色，見證唯色

唯色有一個著名的寫作理念：「寫作即遊歷；寫作即祈禱；寫作即見證」。對於一個被囚居在北京和拉薩的作家，她關懷人間悲苦的超越精神，可以讓她的文字和書帶著她的靈魂去世界旅行，神遊於太虛。寫作是她的修行，心裡的聲音，有上蒼垂憐傾聽。寫作於她更是西藏當代歷史的記錄，是非公道的見證。

作為讀者，就讓我們在閱讀唯色的文字中靈感相應、思想交會，堅持她的堅持，祈禱她的祈禱，見證她的見證，然後，用眾人的念力和集體的行動，呼喚政治領袖的良心，啟發智慧，找到方法，一起幫助她父族與母族的同胞，早日脫離濁世苦海，獲得自由，成為真正的人。如是，我們方能最終體認：

喔！茨仁唯色，她正以寫作，印證她的名原應是人性永恆之光的美稱啊。

民國一〇五年二月二十九日二時半初稿於臺北晴園

三月三日十一時定稿於臺灣苗栗地方法院法官職務宿舍

自由比空氣寶貴

此書收錄文章，是我為自由亞洲電臺藏語廣播、自由亞洲中文特約評論、自由亞洲博客撰寫，包括二〇一一年至二〇一五年。

之前，已將為自由亞洲電臺藏語廣播撰寫的文章集冊出版，即二〇〇九年臺灣大塊文化出版的《聽說西藏》、二〇一二年臺灣允晨文化出版的《圖伯特這幾年》，因收錄的還有我先生王力雄為自由亞洲藏語廣播撰寫的文章，故這兩本書皆為二人合集。

而《樂土背後》，由我個人撰寫。二〇一四年十月，恰值蘇格蘭獨立公投、香港雨傘運動期間，我在拉薩，有緣與時報文化聯繫上，並就這本書的出版達成合作的意向。兩個月後，臺灣選舉結束，民進黨在臺灣取得大勝，國民黨慘敗，我來到北京繼續身為作家的寫作，同時完成此書的最初形貌，而北京籠罩在愈發嚴重的霧霾中，卻不只是自然氣候的霧霾。我將書稿寄予時報文化，附言：自由變得比空氣還寶貴……

唯色

二〇一六年二月十九日，北京

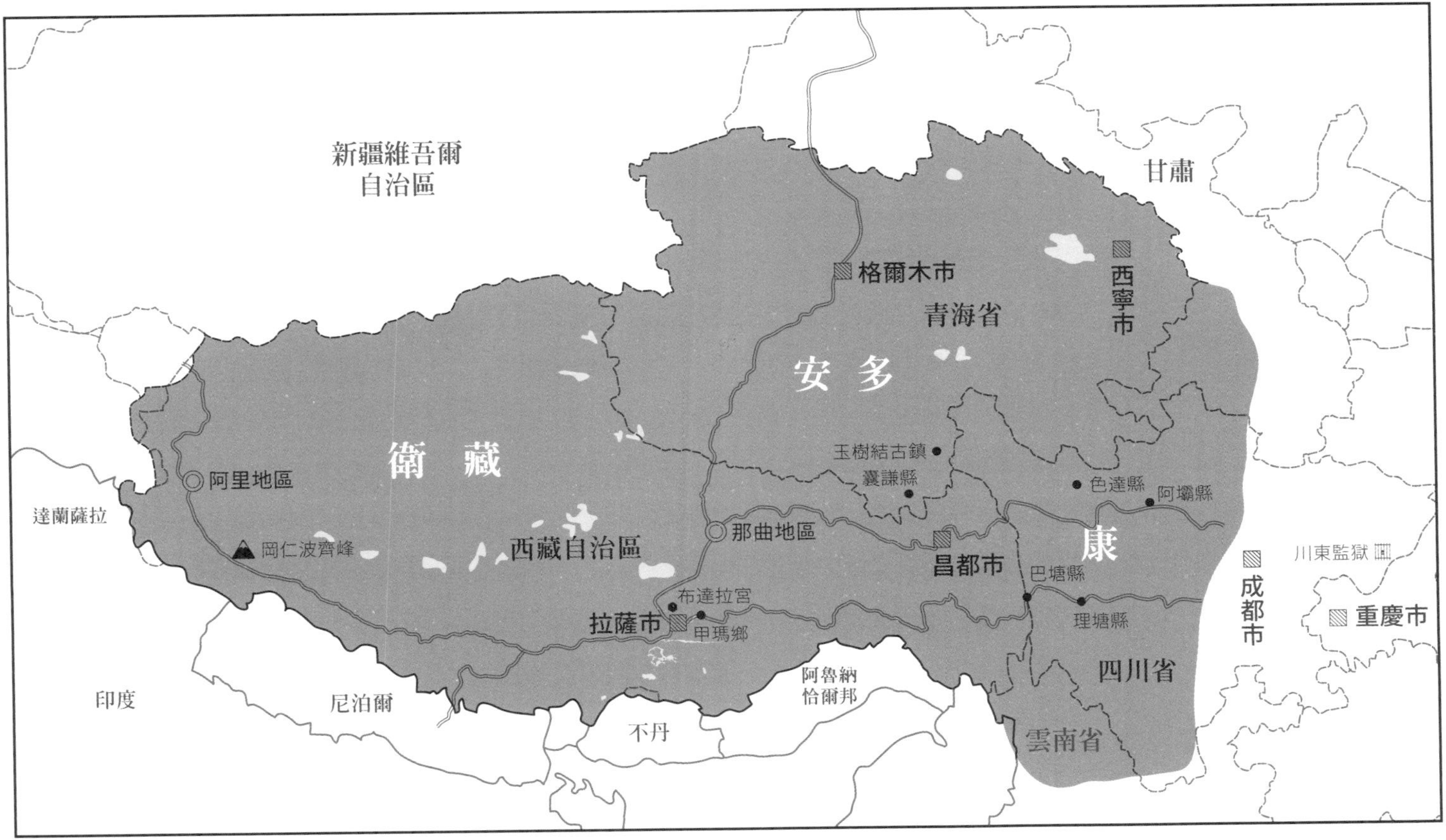

安多（多麥；Amdo）、衛藏（前藏、後藏、阿里；Dbus-Gtsang）、康區（多堆；Kham），是全西藏（圖伯特）的統稱，分布在現如今行政區劃的甘肅省、青海省、四川省、雲南省的藏地，以及西藏自治區。

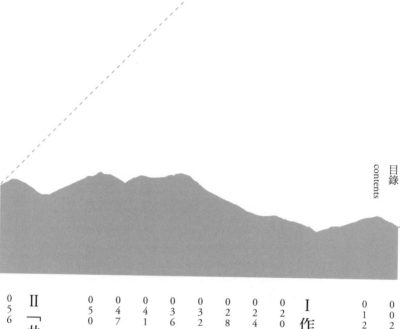

目錄

contents

I

༄། །དག་ཞིང་གི་རྒྱལ་ཁྱིགས།།

作為隱喻的藏獒

藏獒，青藏高原最聞名於世的動物，中國的那些大款或者附庸風雅之流都爭著花高價買來當成自家寵物。可是，有一天，藏獒突然發了脾氣，咬了這個原本不是主人的主人，當即就會被氣憤地打死……而這正是藏人和中國人的關係。

巴塘為何經常停電？

夏天在康區旅行，專程去了巴塘。從理塘到巴塘路上，經大草原，路很爛，開車的朋友說比新藏線還差。新藏線指的是從新疆葉城到藏北阿里的路。不過在雨中泥濘的路上，還有漢地遊客自駕遊，越野車的窗戶上繪著中國國旗，而一百零六年前，帶著軍隊去鎮壓巴塘的趙爾豐[1]也曾經過這裡。我發現，警車一路跟著我們。

與藏地的許多地方一樣，但凡有山的地方都在開礦，但凡有水的地方都在修水力發電站，而有山有水的地方，比如巴塘，既在開礦又在修水電站。我們到達巴塘縣城時已近傍晚，可是全城停電，一些商店和旅館靠發電機照明。這是夏天，季節最好的時候，為何會沒有電呢？我們找到旅館住下後，向當地人打聽，瞭解到巴塘境內正在大修水電站，為此電都輸送到工地上，從二〇一〇年底起，經常全城停電，給當地民眾的生活造成極大不便，後來有許多退休幹部到縣政府表示不滿，說晚上不看電視不行，才改為白天停電，晚上七點供電直到十一點。

顯然不只是退休幹部不滿。在巴塘，只要與當地人談起這個話題，都會被他們深深的

1. 趙爾豐：1845–1911，清末將領。一九〇五年至一九〇八年，率兵入藏東康地鎮壓藏人反抗，並任督辦川滇邊務大臣兼駐藏大臣，實行同化藏人的「改土歸流」政策，屠殺藏人如麻，被藏人稱為「趙屠夫」，卻被中國國家主義者奉為功臣。

傍晚的巴塘縣城，路燈不亮，亮燈的是自己發電的商店或旅館。
（ 拍攝於 2011 年 7 月底，拍攝者 唯色 ）

憂慮所感染。暫時的停電甚至長年累月的停電都不可怕，最可怕的是濫修水電站帶來的嚴重後果，就像二〇一〇年夏天發生在舟曲的土石流，並不只是與暴雨有關，更與生態環境遭人為破壞有關。森林被濫砍伐，群山被濫挖礦，洶湧的河流被幾十座大大小小的水電站所分割，這些以「發展」為名實則對自然資源瘋狂的攫取，造成舟曲悲慘覆沒，也將會造成類似舟曲的其他地方蒙難。說起舟曲，巴塘人心有餘悸。

有關巴塘水電開發的資料可以從網上找到一些。如二〇〇八年有關官員及公司在巴塘調研水電開發的官方報導上介紹：「巴塘縣地處金沙江中游……截止二〇〇七年底，全縣共有水電站卅一處、四十一臺總裝機……富有很大的開發潛力。」又如二〇一一年做為「甘孜州優勢資源招商引資項目」中的「巴塘縣巴楚河水電開發專案」介紹，規劃中的大型水電站有黨恩、松多、拉拉山、黨巴、巴塘五個水電站，而這些大型水電站現已屬於國有重點大型企業——中國華能集團負責開發。事實上，造成巴塘全縣經常停電的正是修建中的松多水電站。

我還從網上找到一個廣東遊客的遊記，他因高原反應在巴塘縣醫院輸氧，醫生與他聊天時憤然直言：「砍我們的樹好像剝我們的皮，搞到水土流失。跟著挖我們的礦好像挖我們的心，挖礦又汙染河水。現在又建水電站，好像抽我們的血，許多河床無水，破壞生態。」說者無意聽者有心，這個廣東遊客雖然說「我們的工作是否要反思？如濫砍伐，濫挖礦，濫築水電站」，結論卻很陰毒，竟然說「當地公安對這些社情民意是否收集，對黨對社會嚴重不滿的人，特別是嚴重不滿的知識分子是否掌握，國安是否深層面的掌控？」

而前不久廣為轉發的一條微博上寫著：「老家四川省甘孜州巴塘縣的父老鄉親們從二〇一〇年十二月底一直生活在有電沒電的日夜裡，直到目前，沒電的情況是越來越嚴重，瞭解到家鄉八十二歲的老爺子需要在凌晨三點起來打酥油茶，我被淚水蒙住了雙眼！不敢想像因為沒有電，飽一頓，餓一頓的父老鄉親！」

血跡浸淫的地傑人靈

我在康生活多年，去過康許多地方，卻未能去巴塘。這是很大的缺憾，因為我尊敬的平措汪傑[1]先生，以及多年前我想要採訪的歷史老人江安西（藏名洛桑頓珠）[2]，都是巴塘人。江安西是平汪先生的舅舅，當年被稱為「巴安三傑」之一，在道孚奪過占領康地的軍閥劉文輝麾下軍人的槍。

巴安是血洗巴塘的清末將領趙爾豐改的名字，意思是巴塘被同化，從此得安定。與康定、西寧、新龍等被修改的地名一樣，是一個個殖民化的名字。而康區藏人給趙爾豐也起了一個名字，叫「趙屠夫」，至今流傳。

二〇一一年的七月底，我在康區旅行時專門去了巴塘。這裡的氣候與水土果然宜人，難怪百多年前清廷欽差大臣鳳全打算從四川移民開墾巴塘。鳳全本是滿人，自己以及自己的民族被漢人同化了不說，還想強迫藏人被同化，導致他被藏人殺，而藏人則遭趙爾豐屠殺。丁林寺（又寫丁寧寺）即是當年的屠戮之地，後被改名為康寧寺，沿用至今。

站在如今規模大大縮小的寺院門口，一位老人對我說：「我們藏語稱這個寺院是曲德貢

1. 平措汪傑：1922–2014，簡稱平汪，西藏東部康區巴塘人，西藏共產黨創始人，最早跟隨中共軍隊進入西藏的藏人，是中共和西藏談判並簽訂《十七條協議的》參與者。一九六〇年因被指控為「地方民族主義者」而被單獨囚禁秦城監獄十八年。一九八〇年代獲平反，後任中國人大常委、人大民委副主任、中國社科院研究生院教授等。他連續四次致信胡錦濤，也致信習近平，要求中共與達賴喇嘛真誠對話，解決西藏問題，呼籲讓達賴喇嘛重回西藏，但不果。著有關於哲學、民族問題書籍數部。

2. 江安西：藏名洛桑頓珠，西藏東部康區巴塘人，平措汪傑的舅舅，西藏民族主義者，

藏名為曲德貢巴的康寧寺，在遭趙爾豐屠戮時叫丁林寺；1941 年，國民黨高官戴傳賢題寫「康寧寺」匾額，寺院被更名，沿用至今。（ 拍攝於 2011 年 7 月底，拍攝者 唯色）

二十世紀三〇年代開展「康人治康」運動的代表人士之一。

巴，丁林寺是漢語的說法。所謂康寧寺的名稱叫不得，它的意思是康地安寧；那麼哪個人使得康地安寧了呢？他們指的就是趙爾豐。當年趙屠夫砍我們藏人僧俗的頭啊，從街上一直砍到了寺院門口。」順著他的手指看去，漫長的距離讓人不寒而慄。

丁林寺曾經三劫：一九〇五年被趙爾豐焚毀，「將寺內佛像銅器，改鑄銅元，經書拋棄廁內，護佛綾羅彩衣，均被軍人纏足。慘殺無辜，不知凡幾」；一九五六年被中共軍隊的飛機轟炸；文革時被紅衛兵和造反派[3]破壞。遺憾的是，如今連許多僧人都不知道百年前寺院被趙爾豐焚毀、僧侶遭趙爾豐屠戮的歷史。僅僅知道寺院創建已歷經數百年，最早屬苯波[4]，再屬噶舉，五世達賴喇嘛時改為格魯巴[5]等教法史顯然不夠，寺院的命運與民族的命運、國家的命運，其實緊密相關。

寺院即在縣城內，繞寺轉經的多為老人。似乎除了寺院和老人，聽不到說藏語的聲音。在縣政府門口的廣場上矗立多塊石頭，刻畫著巴塘的名勝古蹟。好笑的是，在一塊石頭上看見藏人坐在河邊垂釣的畫面，藏人的文化中對於水裡的動物是有禁忌的，這是否意味著藏人已然漢化？有一塊石頭上摹寫的書法，後來我在巴塘縣政府的網站上也看見了，原來屬於鸚哥嘴石刻，而鸚哥嘴正是當年殺鳳全的遺跡，如今成了縣級和省級文物保護的景點，且將鳳全的死解釋為「鳳都護殉節」、「殉難」，那麼被趙爾豐借機屠戮的藏人算是什麼？

3.造反派：中國文革時期的群眾組織，宗旨一如其名為造反，破壞現有秩序，實現財產、權利的再分配。與聲稱擁護政權的保守派形成對立，實則性質相同，都為爭奪權力。

4.苯波：在佛教尚未傳入前，西藏人民所信奉的本土宗教，崇信萬物有靈，誕生深厚的象雄文化，後因佛教興盛而逐漸式微。分為新舊兩派，舊教消失，而受佛教影響產生變革的雍仲苯教至今在藏北等地區仍有信徒。

5.噶舉、格魯巴：均為藏傳佛教的派別。佛教傳入西藏後形成諸多各具修持方法的流派，其中主要四大流派為：寧瑪、薩迦、噶舉、格魯巴。格魯巴為宗喀巴羅桑札巴大師於十四世紀創立，強調修行次第，要先顯後密，顯密並重，嚴守戒律等等。「格魯」意為我還探訪了平汪先生的祖宅，在翻修一新的牆上見到他年輕時的多張照片，非常帥氣。不只是他一人出類拔萃，與他並肩奮鬥的藏人們也一個個英氣勃發。想起多年來每次見到平汪先生，這位被公認為是西藏共產黨的創始人、最早跟隨中共軍隊進入拉薩的藏人，總是會感慨無論在生命中的任何階段，他都有著氣質與容顏皆具的美。對此他總是一笑置之，想必他一生都未把外在的美放在眼裡，而我們更會對他人生最好的十八個年華竟是在中共的監獄裡度過感到惋惜。有人說他一輩子上下求索，卻在關鍵的時刻進錯了廟門，鼎助中共軍隊侵藏。那麼，是這樣嗎？

回到北京後，我特意把在巴塘拍的照片給平汪先生送去，看著照片上跟漢地城市沒兩樣的故鄉風景，平汪先生有些驚訝：「這是巴塘嗎？啊啊，變成這個樣子了呀。」聽得出，他語氣中有些失落。

善規，「格魯巴」即善規派。西藏政教領袖達賴喇嘛與另一著名宗教人物班禪喇嘛，均屬格魯巴。

「生態移民村」的嘛呢石

二〇一二年的八月中旬，坐朋友的車回拉薩，在格爾木這座歷史短暫的人造城市住了一夜。

五年前，我在此停留過，為的是訪問住在城郊戈壁灘上的族人們。說「住」不夠準確，他們是「被搬遷」的移民，約有二三百戶人家，都是從被稱為「黃河第一縣」的玉樹州曲麻萊縣遷過來的，被安排在建造得如同兵營的移民村中。這麼多藏人，過去是放牧牛羊的牧人，現在卻被強行融入到所謂現代化的環境中，語言、飲食、生活方式都發生劇變，更遑論藏人的宗教信仰，在這個環境中根本沒有一席之地，可想而知這樣的「融入」會是多麼的被動與痛苦。

我一直忘不了與這些藏人移民的一段傷感的對話。我問道：「你們搬到這裡，家鄉的山神也跟著搬過來嗎？」穿著廉價西裝的他們低下頭說：「怎麼會？我們把我們的神靈拋棄了，我們把我們的牛羊拋棄了，就為了每個月的五百元。」

其實並不是為了這點錢，這些藏人便拋棄了祖先的家園和故鄉的神靈。二〇〇三年，

在格爾木市城郊設立的「曲麻萊縣三江源生態移民村」，過去的撞球桌而今被寫上經文、改成嘛呢石安放在經幡叢中。（拍攝於 2012 年 8 月間，拍攝者 唯色）

中國政府堅持西藏高原的草原退化，是藏人牧民延續了數千年的游牧生活所造成的，由此啟動從未有過的浩大工程——將長江、黃河、瀾滄江的源頭地區的牧民遷移到城鎮邊緣。一種好聽的說法是給草原喘息的機會，但結果可能會使藏人文化中很重要的游牧文化招致覆滅。

據報導，這項名為「三江源生態移民工程」計劃移民一萬六千一百二十九戶，共八萬九千三百五十八人，涉及青海十多個市縣和自治州。當然，這麼多的移民全都是藏人牧民，被描述為「離開馬背和羊群」，變成了「居住在城市邊緣的『外來者』」。

而當時，在新建不久的移民村，我尤感荒涼的是，這裡甚至沒有一座可供藏人們履行佛事的「嘛呢拉康」[1]或佛塔，也沒有長住的僧人可以用佛法來幫助這些移民變得空虛的內心。

所以再次進入移民村，我注意到，在曾經空曠的戈壁灘上出現了一座座狀如帳篷的經幡[2]群，龐大而且連綿，正被傍晚的風吹得嘩啦啦地招展。緊挨著經幡群的，是一幢絳紅色的房子，可能裡面豎著巨大的轉經筒，可以讓轉經的人們得到安慰。再往對面看去，與一排排移民房屋僅隔一條路的空地上，建起了有著寺院風格的建築。

我攔住過路的一位男子，得知他在這裡住了六年，仍不習慣。每年每戶才得五千元，完全不夠。他偶爾能找到在工地上挖土搬磚的粗活，一天才掙二三十元（約臺幣一百至一

1. 嘛呢拉康：藏語，指設置有大型轉經筒的房間。
2. 經幡：印有佛教經文和動物、宗教圖案的五色布條。五色即藍白紅綠黃，對應地水火風空。

百五十元。全書的幣值均為人民幣）。「有了寺院安心多了」，他望著隱入夜色的那片絳紅色的房屋說。「我們自己捐錢找錢修的，現在就擔心政府會不會批准，可能同意吧，不知道不知道。」他口中的擔憂，讓人滿懷同情。

我還去了一戶家中，穿藏裝的女人帶著三個孩子，他們都在上學，會說漢語，穿得也像城裡的漢人孩子，只是脖子裡掛著喇嘛給的護身符。女人說自己的丈夫會開車，但還是買不起肉和酥油，只能買比較便宜的人造黃油打茶喝。

離開移民村時，我又去看了看那大片經幡群，卻驚訝地發現，在經幡下放置的大塊、大塊的嘛呢石[3]，並不是真的石頭，而是撞球桌被倒置，桌面被刻上巨大的六字真言。我當即明白這是怎麼回事。很長一段時間裡，不知所措的移民們陷入困境，只得靠喝酒、賭博、打撞球來混日子，但現在，撞球桌居然變成了嘛呢石，這可能與來此傳法的喇嘛們的開示有關，更與這些不得不拋棄家園與神靈的藏人們的信仰有關，而這才是最重要的，預示著重新的生機與不可消滅的延續。

3. 嘛呢石：刻有佛經的石頭。

拉薩礦難是「自然災害」造成的嗎？

中國黃金集團公司是國務院國資委管理的企業，被它命名為「西藏甲瑪銅金多金屬礦」的「甲瑪」，是西藏偉大君王松贊干布[1]的故鄉，位於拉薩河上游的墨竹工卡縣甲瑪鄉。六年前，中國黃金集團吞併了長年來在此開礦的六個私營礦區，由其子公司——華泰龍礦業開發有限公司繼續日夜不停地開礦，每日開採量高達一萬兩千噸。

甲瑪一帶蘊含著包括了銅、鉬、鉛、鋅、金、銀等多種金屬，據報導潛在經濟價值超過一千兩百億元。二〇一一年八月，上市後改稱中國黃金國際資源有限公司的該央企宣布，做為其兩大礦區之一的甲瑪礦區，探明和控制資源量提升了四百分之四十三，並將繼續推進礦山大型擴建計劃，號稱要「進軍五百強，建成世界一流礦業公司」。於二〇一二年九月啟動的「甲瑪二期工程建設」，據該央企介紹，「投產後，預計每年可生產六萬多噸銅、近三千噸鉬、五十多噸白銀、一噸黃金，年處理礦石將達到一千兩百六十萬噸，年銷售收入可達四十億元。」

實際上，甲瑪礦區早已從甲瑪鄉擴展至周圍其他鄉。在這個擴建過程中，原本安居山

1. 松贊干布：公元七世紀人物，吐蕃（圖伯特）第三十三代贊普，吐蕃帝國的立國之君，在位期間大大擴增了吐蕃領土，成為亞洲第一帝國，藏人認為他是觀世音菩薩的化身。

裡的多座小寺院被迫放棄，僧尼被驅逐；多個村莊的農牧民被強行遷移，村落被改建成礦區倉庫。而周遭具有信仰傳統或歷史價值的聖跡被破壞，其中包括蓮花山大士的修行洞、朝聖者朝覲桑耶寺的路線、古老的天葬臺、拙樸的岩畫等，以及神山、聖湖和溫泉。又因開礦造成水源汙染，成千牲畜死亡，當地人生怪病，故農牧民多次上訪抗議，但都被當局以「鬧分裂」處理。二〇〇九年因乾旱被礦區搶水，村民與礦區發生衝突，當局派武警和防暴警察進駐，許多村民被拘，村長被判刑，但打傷村民的礦區卻不被追究。

幾乎無人知道這裡發生了什麼。沿三一八國道出拉薩往東六十五公里，路邊出現題寫著「松贊干布出生地」的藏式城門很氣派，左邊賣門票的視窗說明裡面是景區。走馬觀花的遊客看到的是公路修得平整，兩邊的房屋嶄新又漂亮——其實景區只有小半截，大半截是礦區但進不去——還可以看到載重很沉的卡車駛過，遊客即便知道是拉礦石的車，也會認為官商合作的開礦事業惠及了民生。直到二〇一三年三月二十九日凌晨發生的礦難，才使殘酷的真相露出一角。

官媒在第一時間就聲稱這是「因自然災害」造成的「山體自然坍方」，坍方長三公里，坍方量約二百餘萬方，有八十三名工人被埋。還說礦難地點是扎西崗鄉斯布村普朗溝澤日山，屬於甲瑪礦區。從Google地球和地圖上找到甲瑪礦區是令人驚駭的發現，規模巨大的礦區甚至無法用一張圖來囊括。而為礦區修築的公路，從甲瑪鄉一直伸入群山叢中，再拐個大彎從山的另一側而去，出口還是三一八國道。基本上，礦區呈U字形狀，將甲瑪鄉、鄰近的扎西崗鄉等地納入掌心，而局部區域全是縱橫的道路、被切割的山體、深深的凹坑及大塊的禿斑，完全是山河破碎的景象。而這些影像的拍攝日期早在兩年前，倘若現在拍到，那更是瘡痍滿目。

那麼，會是什麼樣的「自然災害」導致「山體自然坍方」的呢？礦難第二天，官媒說〈西藏礦區滑坡山體發現多處裂口正嚴防次生災害〉。從「自然災害」到「次生災害」，這當中的名堂太深奧了，是不是說，這一切災難都是反覆無常的大自然造成的，完全與人為無關？

很巧，推特上有瞭解甲瑪礦區擴建的網友發推寫到：「……有朋友在那邊工作，據說出事的是二期採場，新聞上被說成一期，並被和諧為『自然災害』」；「二期規模是一期的好幾倍，二〇一三還在施工打算投產。但現在把二期的事故說成了一期。地質災害的可能性也有但不大，官方肯定傾向這種說法」；還說：「在甲瑪的朋友說這幾天斷網了。『這裡消息屏蔽、封鎖，不能往外透露資訊』……」

的確，網路上有許多聲音在質疑礦難究竟是天災還是人禍造成，但中宣部（中共中央宣傳部）很快對各媒體下達最高指示：「對西藏拉薩一礦區發生大面積山體滑坡一事，要以新華社通稿和權威部門發布的資訊為準，穩妥握管，客觀準確報導災情，及時充分報導救災工作，正確引導輿論，對相關敏感問題一律不作報導炒作，不派記者到事發地採訪。」

難怪從開礦的央企到所有官媒、各級官員的口徑如此一致。到底要掩蓋什麼？是礦難太大，還是開礦造成的破壞及後患太大？總之，在甲瑪這個原本殊勝的美麗之地，原本是西藏的龍脈之所在，而今卻遭到被開膛破肚的厄運，這是無法掩蓋的事實。

流入拉薩河的重金屬

將「拉薩」與「礦難」聯繫在一起絕對是有著深遠意義的大事。當然，人命關天才是最大的事。這不僅包括所公布的八十三名被活埋的工人，其中藏人二名，其餘均為漢人，還應該包括因開礦汙染的水源給拉薩河下游的居民用水帶來風險，從而危及太多生命。

歷史上，拉薩是從來沒有發生過礦難的。因為歷史上，拉薩及所有的藏地極少開礦，從未有過大規模的開發。而西藏政府及各地首領並非不明白所擁有的豐富礦藏。據學者夏格巴·旺秋德丹[1]所著的鴻篇巨著《西藏政治史》在開篇介紹藏地自然環境時，就礦藏資源引述過西藏民間的說法，如礦藏是羅剎的財物，若開採礦藏激怒了羅剎，會發生乾旱、坍方、地震，會流行瘟疫，帶來饑荒以及戰亂。西藏民間還認為，人可以知道哪些地方藏有什麼礦，但一旦開採出來，就像是盛世能喝到的茶和美酒，會變成濁世的差稅被支應得精光。

這次眾所周知的拉薩礦難，新浪微博上有很多討論，但很快就被刪除或遮罩，顯然表明新浪微博得到了上級有關部門要求封口的指示。我的六十多條涉及在拉薩和其他藏區開

1. 夏格巴·旺秋德丹：1907–1989，西藏學者。其著作《西藏政治史》是一部西藏通史，尤側重於近現代西藏史，有藏文、英文版公開發行，被國際藏學界推崇為近代西藏史的開山之作，一九七八年十月，中國社會科學院民族研究所出版了李有義的中譯本供內部參考。一九九二年，劉立千與羅灡蒼等合譯之譯本，以《藏區政治史》為名，由中國藏學出版社出版。一九九六年北京民族出版社出版了西藏自治區《西藏政治史》評注小組編寫的《夏格巴的〈西藏政治史〉與西藏歷史的本來面目》。

地點正是拉薩墨竹工卡縣甲瑪礦區，展示的正是被中國黃金集團下屬的華泰龍礦業開發有限公司瘋狂開採、山體破碎、山水污染的慘況。（拍攝於 2011 年，拍攝者 拉薩藏人）

礦造成環境破壞的微博均被遮罩。但在這之前，我對相關微博儘量做了備份，在此轉載其中幾個懂行的或知情的微博：

「邊坡開採過度，且邊坡地質災害監測預警沒做。」

「沒有強降雨地震的誘發因素下山體滑坡，而且從圖片來看應該屬於尾礦坍方。」

「這礦區我還去過，也有同學師弟們在這裡工作。裡面的情況我比較清楚的，從畫面上看，是尾礦塌了，說是被困，應該沒有生還的跡象了。祈福吧！中國黃金、華泰龍、西藏礦業、中凱集團、中盛礦業、華鈺礦業等西藏的大型礦業公司應該警醒了！」

還有幾條微博更是令人心悸：

「甲瑪礦區是不具備坍方條件，應是尾礦壩塌或礦渣坍方，是重大負傷事故。」

「聽一西藏電視臺員工洩密說：這不是一起自然災難，實為管理疏忽所致的人禍，電視臺都聽從上級指示來如何向外界發布訊息。垮塌的不是自然山體，而為堆積如山的礦渣，工棚就搭建在鬆散且如殘垣斷壁、綿延數公里的礦渣附近。如此靠近，人禍。」

「甲瑪礦區是不具備坍方條件，應是尾礦壩塌或礦渣坍方，是重大負傷事故。」

「高海拔地區環境很脆弱，在無力治理廢礦渣時應該停止開礦。」

「這叫山體自然滑坡？滑下來那個是山體麼？明顯是礦場礦渣好吧？」

「『自然坍方』是有多自然？挖空之後礦渣回填了嗎？節約成本就以犧牲人命和環境為

代價。利益集團賺錢，後果當地百姓承擔。」

若真是堆積如山的礦渣坍方造成礦難，這很可怕。不但說明國務院領導下的號稱要「將中國黃金打造成為世界一流礦業公司」的央企，遠遠沒有達到「世界一流」的標準，更重要的是，對含有很多化學製劑和重金屬汙染物的礦渣不按回填的方式處理，而僅僅是露天堆砌，會造成重金屬汙染物隨表面水（雨水等）滲入地下，蔓延四周，而這只有當地民眾承擔其後果了。

露天開採礦石；露天堆砌礦渣；結果會是什麼樣？從雪山上流經甲瑪鄉的河水叫甲瑪雄曲，原本是當地農牧民唯一的用水河，不但是生活用水，也灌溉田地，餵養牲畜，但這些年來，當地農牧民根本就不敢喝這裡的水，生活用水得到遠處的另一座山下去取。直到二〇一二年還聽說，這條原本清澈純淨的河水時不時就會變得像牛奶一樣白，還滾著泡沫。一位駐村幹部寫微博說：「在這裡駐過村，溪水不能喝……」不過礦區倒是每天都有車去縣城拉生活用水，他們飲食無虞。

我曾訪問過當地人，他向我透露說甲瑪鄉的鄉幹部、村長等人曾取水去拉薩市防疫站化驗過，結果被測出「主要有三種毒：鉛過量，銅過量，還含有金」。這是原話，所謂的含有金，可能是氰化物超標的意思。據說當時防疫站還開了證明，交給鄉政府，再無下文。有村民給拉薩市環保局寫信投訴，並附上野獸家畜被毒死的照片，但信和照片都被轉回給鄉政府。

水源汙染如此嚴重，實際上危及的不只是當地民生。有著銅金多金屬礦之稱的甲瑪礦區是被開採多年的重金屬礦區，其所處的位置恰好位於拉薩河上游。據當地藏人披露，中國黃金集團下屬的華泰龍礦業開發有限公司的選礦廠，建在甲瑪鄉過去農民耕種的大片田地上，粗大的上水管與排水管皆從選礦廠延伸到拉薩河，也即是說，上水管抽取的是拉薩河的水，排水管則是把選礦廠的汙水排入拉薩河，且已持續五年之久，給西藏最為神聖的城市的水源帶來了嚴重威脅。

《中外對話》曾在二〇一一年發表文章〈西藏面臨大規模礦產開採威脅〉，其中謹慎寫到，二〇一〇年進行的一項針對甲瑪礦地下水質的研究發現，拉薩「河谷上部／中部地區地表水及河床重金屬濃度的升高對當地環境……以及下游居民用水帶來了相對嚴重的風險。氣候變暖以及愈加頻繁的開採行為所帶來的環境改變有可能會增加這些重金屬的遷徙。」

事實上，有毒重金屬已經流入拉薩河，並且隨流而去，後患無窮。

我們的拉薩快被毀了

去拉薩的遊客在新浪微博上寫到：「今天搞清楚原來拉薩目標是要建設成麗江那樣紙醉金迷鬼哭狼嚎的旅遊城市，所有老城裡的攤販、客棧……低端服務都要搬出老城，取而代之高端古董工藝品店和酒店，而且所有老街房子要立面統一招牌統一，難道中國城市就只有這一種ＳＢ[1]韓式美容的整改辦法嗎？」

注意到遊客發的照片中，有正在修蓋的「八廓商城」（原城關區政府所在處，位於環繞大昭寺的八廓轉經道的東北面，與通常所稱的八廓街相距很近，同在拉薩老城內）的工程概況，介紹其規模占地十五萬平方米，僅地下停車位就有一千一百一十七個。而去年末開張營業的「神力．時代廣場」，就蓋在拉薩老城的北面，是官商合作的龐然商場，因日夜不停抽取地下水兩年多，令拉薩人心惶惶，擔心會導致拉薩老城有裂縫、下陷甚至天坑的危險。事實上，現已出現多處裂縫、掘地無水等狀況。如今當局要在老城另一處蓋大型商城，建地下停車場……這是不是意味著，拉薩被各種餓鬼捲入毀滅之勢已難擋？

曾記得，一九九四年，聯合國教科文組織將布達拉宮列入「世界遺產名錄」；但一九

1. ＳＢ：即粗話「傻屄」。

九六年，布達拉宮下面延續千百年煙火的雪村被搬遷，同時仿造與中國各地千篇一律、展示極權威力的廣場，使失去了雪村的布達拉宮淪為觀光景點，凸顯致命的缺陷。

二〇〇〇年和二〇〇一年，聯合國教科文組織將大昭寺和羅布林卡做為布達拉宮的擴展項目列入「世界遺產名錄」，使拉薩具有宗教、歷史與人文價值的神聖之處成為世界文化遺產，名義上可以獲得理所當然的保護。但二〇〇二年，狀如炮彈的「西藏和平解放紀念碑」便聳立在廣場上，與布達拉宮遙遙相對，深深地刺痛了藏人的心。二〇〇七年，布達拉宮被世界遺產大會「黃牌警告」，批評因過分追求旅遊收益、隨意開發卻不承擔責任和兌現承諾，將可能被吊銷「世界遺產」的稱號。

遺憾的是，而今布達拉宮不但被繼續過度的旅遊開發，在每年數百萬計且不斷增加的遊客足下岌岌可危，甚至拉薩老城也在追求「國際旅遊城市」的過程中被改變面貌，不僅開腸破肚，還遭釜底抽薪。正如藏人藝術家鄺老五的評價：「在物質引誘和權力誘招面前，文化的獨特性在喪失，城市的相似處卻在疊加，在這些看似蓬勃繁榮的背後，早被抽空了內容的老拉薩城已是明日黃花，再也找不到古樸的有著歲月痕跡的東西了。」

多年前，一位致力於修復拉薩老城的德國人安德列．亞歷山大（Andre Alexander）和他成立的西藏文化發展公益基金會（Tibet Heritage Fund，THE），從一九九六年至二〇〇二年，拯救了拉薩以及附近七十六座歷史性的傳統建築，並披露真相說，「於一九八〇年

拉薩老城藏醫院路也在挖挖挖。文革「破四舊」時，就在這條路上，曾被埋了無數個從寺院中掠奪的佛像，以示對「四舊」的踐踏。不知道此刻又被開膛破肚時，是否會挖出些佛像來。（拍攝於 2013 年 5 月，拍攝者 在拉薩的網友）

始，在城市建設的過程中，使老城區的古舊建築和街區遭到了不斷的破壞。」「從一九九三年起，每年平均有三十五座歷史建築被拆除。如保持這種速度，剩下的歷史建築將在不到四年的時間內消失殆盡。」由於他們出色的修復工作及見證全然拂逆當權者的意志，最終被一心追求利益的西藏當局逐出拉薩。

從八廓商城的工程概況上看到，八廓街區[2]的整治目標是「淨化、疏散、改造、提升」。而瞭解到的事實是，老城改建分作幾大塊：老城中心即環繞大昭寺的八廓轉經道被徹底清場，所有攤販將被搬至新蓋的「八廓商城」內，沿街原住民則全部被遷至拉薩西郊堆龍德慶縣，迅速搬遷的住戶可得兩至三萬元補助，不搬遷的就是政治問題，而騰出的空房、空院子則用來招商引資，設作商店、酒店、酒吧、畫店、展覽館之類；老城的其他街巷和寺院，如小昭寺前面將開闢大片廣場，周遭住戶同樣被搬遷遠郊；老城東北角，原城關區政府所在處即改建八廓商城，等等。

固然，原本有著宗教意義的帕廓不會就此變成空空蕩蕩的街，卻會變成專為遊客而存在的熙來攘往的街，不再是藏人轉經朝聖磕長頭的街了，即便有磕長頭的朝聖者，也是給遊客助興的背景。……一個個災難接踵而至，拉薩的下場實在慘烈。歷史上，拉薩從來沒有過礦難，如今發生礦難了。歷史上，拉薩河從來沒有被截流而乾涸，如今乾涸得連魚都死了。歷史上，拉薩老城從來不是為遊客而存在的景點，如今正被改造成麗江四方街及香

2. 八廓街區：以大昭寺為中心，由環繞大昭寺的帕廓而形成的街區。藏語中，帕為中，廓為轉。拉薩城主要四條轉經路：孜廓、囊廓、帕廓、林廓。帕廓指環繞大昭寺的中轉經路，除了具有神聖的宗教意義，也有著世俗生活的意義，不只是提供轉經禮佛的環行之街，還是整個西藏社會全貌的一個縮影。

格里拉獨克宗模式。會不會很快有一天，這山寨版的「拉薩老城」就該收門票了？

消失的，比其他的消失更快。湧入的，比其他的湧入更多。安德列先生曾傷感地寫到：「每去一次，老房都在明顯減少——一石一磚，一巷一街，連狗也在『失蹤』……」而如今，一個被權貴者商業化的拉薩新城正在取而代之。從此不只是我一個人，還有許多人都深愛的那片餘剩不多的拉薩風景消失了。從此不只是我一個人，還有許多人的生命都與其交融的拉薩記憶被覆蓋了。正如網友所痛斥：「拆古建，挖地道，建天橋，截吉曲（拉薩河），抽地下水……他們真是餓鬼投生啊，能帶走的全帶走，帶不走的全毀掉！」

需要指出的是，這幾年，境內外一百二十一位藏人的自焚成為西藏問題最突出的事件。無論是國際社會有限的關注，還是流亡西藏政府的焦點，全都集中於此。而藏人社會面臨的其他災難和危險卻被忽略，比如目前，拉薩老城的毀滅迫在眉睫，若在過去，聯合國教科文組織還會「黃牌警告」，但現在也不管不顧了。

不過，中國政府對藏人自焚是重視的。就在二〇一二年五月二十七日，兩位藏人在大昭寺與八廓街派出所之間自焚後，八廓派出所立即升級為八廓古城公安局，兩位藏人自焚前投宿的滿齋飯店則被當局沒收，改設為「拉薩市八廓古城管理委員會」，甚至拉薩老城也被命名為八廓古城，然而歷史上從來就沒有什麼八廓古城，但當局由此開始的大規模老城改建，其實是一石二鳥，更有「維穩」[3]的目的和安排。如今，飽經滄桑的大昭寺前，

3. 維穩：「維護國家局勢和社會整體穩定」之簡稱。

沒有了從邊遠的康和安多磕著長頭到拉薩的朝聖者，沒有了日日燃著千盞萬盞酥油供燈的燈房，有的只是藏人房頂上的狙擊手和廣場上全副武裝的巡邏兵，有的只是官商勾結的巨大商場接踵開業，商場門前血紅色的充氣塑膠圓柱正在風中炫耀著暴發戶的粗俗和入侵。

四十年前，聯合國教科文組織在通過《保護世界文化和自然遺產公約》（*Convention Concerning the Protection of the World Cultural and Natural Heritage*）時，認為「不論遺產屬於哪國的控制範圍內，這類罕見文化遺產或自然遺產具有突出的重要性，是人類無法替代的財產，對全世界人類都是很重要的，很珍貴的，任何文化遺產或自然遺產的一旦變壞或丟失，都會產生使全世界遺產枯竭的有害影響，因而需要全人類共同加以保護。」

故此，呼籲聯合國教科文等全球相關組織，請制止如此可怕的行為，打著「現代化」的旗幟，對古城拉薩的風景、人文和生態犯下不可饒恕、無法估量的罪過！呼籲全世界眾多的研究藏學、研究西藏問題的專家和機構，請關注現今眼下拉薩老城所面臨的萬劫不復的厄運。

救救拉薩吧。

重慶人在拉薩開文革主題的火鍋店

拉薩有家文革主題的火鍋店，是二〇一三年初某個重慶老闆來開的，名叫「大隊長」。男女藏漢服務員，清一色紅衛兵裝束，自稱「社員」。僅從這兩個稱謂，就可以看出是對毛澤東發明的「人民公社」的懷念。

火鍋店內充滿了各種文革繪畫與器物，各種毛澤東的語錄與「知青」上山下鄉的照片，其中穿插著中共的「十大元帥」畫像，可是這些為中共和毛澤東打下江山的元老們，都在文革中被毛澤東整得很慘，其中如林彪、彭德懷甚至死無葬身之地。另外，火鍋店裡還醒目地掛著鄧小平在八〇年代搞「改革開放」穿軍裝的巨幅照片，卻很容易讓人聯想到他在「六四」下令軍人槍殺學生。

我與友人是耳聞這間火鍋店以文革為主題才特意來此的。但不吃火鍋的話是不可能領略其風光的。大約夜裡八點多，扮紅衛兵的漢藏服務員開始表演難看的文革舞蹈，配的音樂是文革中毛澤東的語錄歌，以及文革中流行的才旦卓瑪[1]唱的那種所謂藏歌，不過也穿插著九〇年代流行的港臺歌曲，不倫不類到可笑的地步，當然都以消費為目的。只是牆上

1. 才旦卓瑪：一九三七年出生於日喀則，藏人，女高音歌唱家，中共御用歌手，代表作品有：〈翻身農奴把歌唱〉、〈唱支山歌給黨聽〉。

掛著的毛澤東畫像旁邊少了四個人，而今的西藏連寺院都必須掛中共「五領袖像」（即毛澤東、鄧小平、江澤民、胡錦濤、習近平），這個火鍋店也應該掛。

前不久，聲稱是「世界頂級奢華酒店品牌」的洲際酒店在拉薩建「拉薩聖地天堂洲際酒店」，國際多個援藏團體再次抗議，批評這是送給侵犯西藏人權的中共政權一個最好的宣傳禮物。實際上，與此同時甚至更早，已經有類似於「大隊長」之類的褒揚文革的餐館頻繁出現在拉薩。原本文革對於西藏恰如藏語發音，是一場「人類殺劫」[2]殘酷之至，如今的拉薩城裡還有在文革中淪為廢墟的寺院如同巨大的傷疤令人悲傷，然而文革陰魂不散，借口腹之欲又捲土重來了。令人感慨的是，坐滿各個餐桌的食客中藏人不少，甚至有年長者，文革時正是當紅衛兵的年齡，難道他們也懷念文革？

耐人尋味的是，這大隊長火鍋店深得毛澤東的真傳麼？其包間與大廳居然是有等級待遇的，如酒杯與餐具不同，連廚房也分兩種，有可能連菜肴也會用不同的方式來處理，包間是有錢人須洗得乾淨一些，而在大廳用餐的普通人就隨便應付吧。雖然毛澤東聲稱要消滅「三大差別」[3]，但他本人卻不講究這個，處處享受特權。這裡最豪華的包間名叫「中南海」，果然氣派大不同，牆上掛著的是共產黨祖宗們的畫像：馬克思（Kari Marx）、恩格斯（Friedrich Engels）與列寧（Vladimir Lenin），擺放著閃亮餐具和高腳酒杯的餐桌上方是一個巨大的紅五星，貌似可以邊吃火鍋邊開黨的會議。

2.人類殺劫：在此指文化大革命。文化大革命的發音在藏語中與人類殺劫相似。此為唯色在其描述文革於西藏的歷史影像與評論之作《殺劫》中所譯之詞。

3.三大差別：指工農之間、城鄉之間、腦力勞動和體力勞動之間，此三種差別。

很顯然，中國而今向世界輸出文革主題已經是漸入佳境了。最近中新社還樂滋滋地報導了有中國人在東京開了一家東方紅餐廳，同樣是毛畫像和紅衛兵服務員。而拉薩的這家大隊長火鍋店的經理自豪地說，他們倒是沒去日本開連鎖，不過剛到美國去考察了，如果可行，那也是會有這種中南海包間的。

當晚我在推特和臉書上發了火鍋店的照片，被網友評價說：「這不就像是要在德國餐館掛希特勒（Adolf Hitler）、希姆萊（Heinrich Himmler）、戈培爾（Paul Joseph Goebbels）像，侍者穿黨衛軍制服嗎？」「變態，扭曲的國民。」

作為隱喩的藏獒

其實在看到這個被熱議的消息時——即《紐約時報》（*New York Times*）二〇一五年四月十九日爆料稱中國富人已不把藏獒當寵物，曾賣出天價的藏獒被五美元賤賣給屠宰場，做成火鍋食材、仿皮和禦寒手套的裡子——我並不驚訝，就像是早知道西藏高原的標誌性動物——藏獒，被帶出高海拔的家園會有這樣的下場。只是這所有悲劇中最不堪的下場未免來得太快，兩年前還聽玉樹的朋友說他親戚家的藏獒賣給做狗生意的河南人四百萬元人民幣，河南人先付了兩百萬元，另外兩百萬元等轉手賣出後再付。如今，那頭待價而沽的玉樹藏獒是不是也淪為了火鍋中翻滾的肉片？

玉樹被說成是純種藏獒的故鄉，這種說法更似出自拿玉樹藏獒大做買賣的各路炒作者。記得五年前玉樹地震後，甚至有穿「消防救援」橘黃衣的救援隊公然偷小藏獒，被志願者在現場拍攝到。許多人至今不肯相信。參加救援的媒體人文濤當時在推特上說：「偷獒是肯定的，利益驅動。」也有藏人志願者披露：「其中還有藉志願（組織）偷藏獒、藉志願組織挖掘富家人財物的團體……」

不只是玉樹，包括拉薩在內的全藏各處布滿所謂的藏獒基地，不少是解放軍、武警等軍警單位所設，乃豢養、培訓、買賣藏獒的大戶，規模大，獒數多。我曾見識過這樣的一個龐大基地，在拉薩往貢嘎機場的老路上，屬於消防武警部隊，聽說腐敗不是一般。

二〇一一年，面對仍在升溫的「藏獒熱」，藏人導演萬瑪才旦的電影《老狗》發出了藏人的悲鳴。兒子要賣掉藏獒換錢，父親珍視與藏獒的感情並堅持禁止買賣狗類的傳統，而賣狗人要將它賣給有錢人當寵物，最後老父親忍痛殺狗。英屬哥倫比亞大學亞洲研究所教授茨仁夏加（Tsering Shakya）在影評中寫道：「這部電影探討中國的經濟轉型（而不是文化大革命）對西藏（或任何其他民族）文化的侵蝕及其產生的不穩定影響。……《老狗》從藏人的視角看今日藏地圖景……《老狗》中遍布著充分體現入侵的主旨：柵欄既象徵私有化經濟，又象徵對土地和民眾的剝奪；試圖說服老人賣狗的販子，他說狗到了城裡的生活會更好（老人回應：「那城裡人又在害怕什麼？」）；及因為貪婪和商業機會主義而遭竊的窮人的寶貴財產。」

被帶往中國各地的藏獒變成了寵物其實更像是某種隱喻。簡單地說，做為隱喻的藏獒揭示的是藏人的命運。關於這，我就二〇〇八年三月的全藏抗議帶來民族關係的變化，在〈原來是寵物與人的關係〉一文中這樣寫道：

「就像藏獒，青藏高原最聞名於世的動物，似乎很稀罕，很名貴，中國的那些大款或者附庸風雅之流都爭著花高價買來當成自家寵物，每天都要餵食很多肉。可是，有一天，藏獒突然發了脾氣，咬了這個原本不是主人的主人，當即就會被氣憤地打死，中國的報紙上常有這類報導。而這正是藏人和中國人的關係。這才是中國社會的民族之間真正的、根本上的關係。藏人如果安於當寵物，那好，漢人還會跟藏人保持以前的那種溫情脈脈；而那些漢人還會繼續『熱愛』西藏，就像願意給他喜歡的貓啊狗啊這些寵物吃喝。但人不是寵物，寵物沒有自我意志，而人是有自我意志的。藏人不願做寵物，因為當寵物的下場是喪失自我，最終喪失西藏，因此，藏人只要不安於當寵物，只要不甘於接受當寵物的命運，勇敢地為自己是人而且是藏人進行抗爭，這就會惹來麻煩。事實上，已經惹來了麻煩，如被抓捕、被囚禁、被虐待，甚至被屠殺，這是遭到國家政權的懲處，對於民間意義上的漢人來說，許多漢人的那種變臉之快，也把真相呈現出來了——真相是，藏人不能做人，一旦想做人，那只有被置於死地。」

而隱喻仍在繼續。遭到天價藏獒如今如此不堪的打擊，有文化的尤其是有名氣的藏人們在社交網路上，紛紛傳遞一張用中文和英文寫著「帶你回草原」的圖——一頭黑色藏獒的全身側影與廣袤的綠色草原構成畫面。事實上，若真要將被賣往偌大中國許多地方的藏獒帶回草原並不容易，這麼多年來，被雜交、被配種、被注入矽膠、被整容的藏獒已經面目全非，性格全非，即便能帶回草原一些，會不會反而造成原生藏獒的基因變異以至於更加混亂？我倒是認為，詩人嘎代才讓幾年前寫的〈藏獒之死〉的最後一段，才是真實現實：

「我本想心醉神迷地在這個故事中找出點什麼東西，譬如藏人和獒犬間的非常感人的意義。最終，我不想再探究這慈悲深處的某種背叛了，或者隱含了具有現實意義的社會意圖。這是一番難以想像的總結，發生在我生生世世的故鄉——青藏高原。可如今，人們想念著藏獒，但可以肯定的是：他們還將沿著這條路走下去，有什麼賣什麼，直到兩手空空！」

尊者達賴喇嘛家族在拉薩的府邸——堯西達孜的外院一角，關著周邊開餐館的四川老闆養的藏獒，大約五六頭，正憤怒咆哮。（攝於 2013 年 9 月，拍攝者 唯色）

II

༄༅། །དཀའ་ཞིང་གི་རྒྱལ་ཁྱོན་ཁག །

「共藏問題」有問題

長期以來，漢人民主派人士始終堅持這一點：西藏不存在民族壓迫，有的只是共產黨政權的壓迫，而這種壓迫對藏人和漢人是一樣的。將屠殺與反抗說成是「共」與「藏」之間出了「問題」或有了「矛盾」，這是不是說得過於輕巧？

「共藏問題」有問題

我尚未拜讀居住美國的漢人作家李江琳女士的《當鐵鳥在天空飛翔——1956-1962青藏高原上的祕密戰爭》一書，唯讀到網上的相關報導及作者前言。在作者前言中，這段話是關鍵的：

「一九五〇年代中至一九六〇年代初，中國西南西北地方發生了一場慘烈戰爭，其涵蓋地域為藏人世居之西藏三區，即今之『西藏自治區』和『周邊四省藏區』。交戰雙方一邊是擁有現代武器的中國人民解放軍野戰軍和地方軍隊，以及受過軍事訓練的武裝民兵，另一方是以土槍步槍刀劍為主的藏區農牧民、僧侶、少數政府官員和部分藏軍。」

身為藏人，感謝李江琳對那段歷史的研究和揭露。雖然實質上那發生的不是戰爭，而是「屠殺」。另外，實質上那也不是在中國西南西北地方發生的，而是在屬於藏人的圖伯特[1]三區——安多、衛藏和康——發生的。

正如藏學家、印第安那大學教授艾略特・史伯嶺（Elliot Sperling）先生在關於那段歷史的最新文章〈死亡統計〉（The Body Count）中指出的：「在大約一九五〇年到一九七五

1. 圖伯特：即西藏（Tibet）。包括這些地域——按照西藏傳統的地理布局及觀念，由高至低，分為上、中、下三大區域，有上阿里三圍、中衛藏四如、下多康六崗之說；而書中出現的安多、衛藏和康，亦是全西藏的統稱，指多衛康三區：多為安多（多麥；Amdo）、衛為衛藏（前藏、後藏、阿里；Dbus-Gtsang）、康為康（多堆；Kham），分布在現今行政區劃的甘肅省、青海省、四川省、雲南省的藏地，以及西藏自治區。

2012 年 5 月，在青海省玉樹藏族自治州囊謙縣發現的亂葬坑。當地藏人說，這些是在 1958 年被屠殺的僧俗人士的遺骨。（拍攝者 當地藏人）

年期間，圖伯特是否存在群體死亡事件是一個無需爭論的問題……由於無法自由獲得中國方面的紀錄，精確的死亡數字也因此不得而知。但是發生大屠殺的事實應該是毋庸置疑的。」

文章所附的三張白骨森森的照片是大屠殺的證據，是在康區囊謙（今被劃歸青海省）新近挖出的亂葬坑拍的，當地人說這是一九五八年遭屠殺的藏人僧俗遺骸。另有一九八二年中國在人口普查後繪製的「性別比例圖」，其結果如文章所說：「在整個圖伯特高原普遍的存在男女比例失衡，而事實上，唯一能解釋這種不平衡的原因只能是暴力鬥爭。在整個中華人民共和國，圖伯特高原是範圍最大的一片突出地呈現為紅色的區域，在這個地區女性人口數量一直高於男性。」

我與安多族人談及過往現今時，無論老人還是年輕人，總會提及「阿居阿皆」（一九五八年的意思）或「阿皆」（五八年的簡稱）。一九五八年前後，中國軍隊和政權在整個圖伯特——尤其是安多地區，造成波及到每一戶藏人家庭的災難，仍深深刻在藏人的記憶裡。甚至，連文化大革命也被說成「阿皆」。「阿皆」是所謂的「解放」[1]之後一切災難的集合。

而李江琳女士對新唐人電視臺這樣說：「至於在西藏，在這個地方發生的戰爭，實際上是中共建政，構建國家權力的一部分，它所發生的一切，跟內地沒有什麼本質的區

1. 解放：為中共將占領西藏之行為合理化的用詞。一九五九年三月，在拉薩，成千上萬藏人抗議聲稱將藏人從帝國主義壓迫中解放出來的中共軍隊，遭中共軍隊血腥鎮壓，西藏政教領袖達賴喇嘛自此流亡印度，中共當局則於當年三月二十八日宣布解散原西藏政府，改由西藏自治區籌備委員會代行政權，直到一九六五年西藏自治區正式成立為止。中共當局宣稱，此舉解放百萬西藏農奴於封建社會，故以「解放」稱之。

別。」新唐人電視臺總結：「李江琳向本臺記者表示，共產黨對西藏人民的暴力鎮壓和摧毀信仰，其實跟它對內地漢族人民所做的沒有本質上的區別。所謂『漢藏矛盾』，實質上是『共藏矛盾』。」（李的原話是「共藏問題」）

對此，我完全不能同意，二者當然有本質的區別——在所謂的「內地」，發生的是中國的內亂，而在西藏發生的一切，卻是中國的侵略和占領。如果這二者沒有本質上的區別，那麼毛澤東所說的「民族鬥爭，說到底，是一個階級鬥爭問題」就成了放之四海而皆準的真理，侵略、占領與殖民都有了冠冕堂皇的理由。另外，將屠殺與反抗說成是「共」與「藏」之間出了「問題」或有了「矛盾」，這是不是說得過於輕巧，以至於成了對真相的迴避？難道我們可以將法西斯納粹對猶太人的滅絕性屠殺，說成是「納猶問題」或「納猶矛盾」嗎？

長期以來，漢人民主派人士始終堅持這一點：西藏不存在民族壓迫，有的只是共產黨政權的壓迫，而這種壓迫對藏人和漢人是一樣的。透過他們這種固執的、不由分說的堅持，讓人看到的是對「西藏自古以來就是中國一部分」的官方說辭披上民主面紗的重複。正是在此，存在著和藏人對歷史認知的根本分歧。然而讓藏人不免心寒的是，在漢人民主派的這種敘述中，幾乎從不在意藏人的看法，似乎只要是站上民主的制高點，就可以把帝國心態的大中國意識再度強加給藏人。

被改寫的五世熱振仁波切與喜德林

從網上讀到《亞洲週刊》[1]一篇文章：〈漢藏不能忘卻的愛國情〉，作者是該雜誌資深記者紀碩鳴。說起來，我們曾有一面之緣。幾年前他在北京採訪過我和我先生，以瞭解西藏的種種狀況。只要不是中共的媒體及媒體人，我總以為所寫的報導都應是以事實為準。

但這篇文章讓我對這一看法失去了信心。或者說，就像我在推特和臉書上所問的：「《亞洲週刊》是一份什麼樣的雜誌？是《人民日報》香港版嗎？」這是因為文章充滿了共產黨及國民黨對西藏歷史的說辭，完全是改寫歷史的拙劣行為。

一位藏人學者在臉書上留言說：「什麼年代了，還在用這種『愛國』、『親英』、『解放』之類的category（範疇）來解釋近代西藏歷史。估計唯一還信這類文章的人是漢人自己，讀的時候在腦子裡連反駁都是無聊無味。」我回覆道：「這類文章陳腔濫調，但讀的話，會發現用心很深。而且《亞洲週刊》還是有不少讀者，所以這類文章會謬種流傳。」

隨手拈幾段該文對西藏近代歷史仿若中共手法的塗改：熱振活佛[2]是「因為堅守西藏地方與中央政府的正常關係，而被當時的分裂分子祕密毒死……」；「西藏親英勢力……

1.《亞洲週刊》：香港發行的時事雜誌，創刊於一九八七年，報導涵蓋經濟、文化、政治等各種領域。

2. 五世熱振仁波切：1912–1947，全名圖旦絳白益西丹巴堅贊。熱振寺第五世活佛、西藏攝政王。十三世達賴喇嘛圓寂後，代行西藏政教事務七年，並尋找十三世達賴喇嘛轉世靈童，在十四世達賴喇嘛幼年時期短暫執掌政教，之後讓位另一高僧達扎仁波切。

使用種種陰謀詭計，對熱振活佛造謠誹謗……熱振活佛從大局出發決定暫時辭職」。

這一段簡直就是CCTV（中國中央電視臺）播出的紅色電視劇的情節：親英分子質問熱振活佛：『西藏何以要親中國？』熱振大義凜然地回答：『一九〇四年英國軍隊榮赫鵬攻入拉薩，軍事賠款概由中央政府所付，所以如果不是中國的錢，豈能贖回西藏的身？』

這一段更是背離事實：「達扎調動三千多名藏軍前去鎮壓，包圍了在色拉寺的六、七百名僧侶，並在英國人的指導下，用機槍、大炮向他們攻擊……這是西藏現代史上用鮮血書寫的極其悲壯的愛國史詩，可歌可泣！」

《亞洲週刊》處處引述「涉藏攝影家楊克林」對熱振活佛及西藏歷史的解釋，這位既「採訪過西藏的許多重要領導人」又「十多次覲見過尊者

位於拉薩老城裡的寺院廢墟，毀於文革及之後。（拍攝於 2012 年 11 月，拍攝者 唯色）

達賴喇嘛」的楊克林，則又轉述前國民黨蒙藏委員會祕書、後中國社科院研究員柳陞祺在幾年前的回憶，把五世熱振仁波切的悲劇說成是因為太熱愛中國而「殉國」，可是柳陞祺當年在拉薩寫的〈西藏政變實錄〉，披露的卻是熱振活佛是因當攝政王時結怨，以致被幾位貴族假公濟私，報仇雪恨。並清楚地說明，藏兵開炮有洋人指揮是「無稽之談」。

這篇文章最不可容忍的，是把在一九五九年三月被中共軍隊創擊過的喜德林[3]、一九六〇年代初期被設為改造「三大領主」及其子女的「學習班」、文革中被紅衛兵和造反派當成廣播站和武鬥戰場、文革後期被中共軍隊駐紮最終變成廢墟的喜德林，說成是「熱振活佛死後，達扎先派人將他的遺體移至喜德林寺中，後又策劃暴徒掠燒了喜德林寺。於是，喜德林寺成了一片廢墟」。補充一句，喜德林並不是熱振仁波切在拉薩的駐錫地，而是熱振仁波切在拉薩的修法之處。

文章還提到楊克林要拍攝「熱振活佛殉國故事」的紀錄片和電視連續劇，並打算修復喜德林廢墟，在裡面展示所謂的「民族團結」的文獻文物。事實上，這即是企圖將喜德林廢墟改造為一個紅色景點，向各方遊客講述這樣一個故事——偉大的愛國主義者五世熱振活佛慘遭英帝國主義分子與藏獨分子的毒手之後，他的寺院被藏獨分子毀為廢墟，如今在致力於漢藏團結、祖國統一的各界人士的努力下，重又恢復原貌——看起來，改寫熱振仁波切與喜德林的工程正在進行之中，改寫西藏歷史的一個個具體工程仍在繼續之中。

3. 喜德林：今稱喜德林寺，實為喜德扎倉（經學院）。為拉薩最早的四座佛殿之一。十五世紀歸屬熱振寺，宗格魯派。

喜德林是怎麼被毀的？

敘事很重要，就像畢生為所屬族裔發聲以爭取基本權利的學者薩依德[1]所說：「敘事，或者阻止他人敘事的形成，對文化和帝國主義的概念是非常重要的。」

黑人作家法農[2]則說：「殖民者創造歷史並且知道這一點。因為經常參照他母國的歷史，所以他清楚地指出他自己是母國的延伸。因此，他所寫的歷史不是他掠奪的國家的歷史，而是他自己的國家剝削他人、侵犯他人和使他人貧困的歷史……」

之所以引述這兩段話，是因為連《亞洲週刊》這個香港刊物，前不久在講述西藏近代史上堪稱轉折性的「熱振事件」時，也在重複中共御用文人們改寫熱振仁波切及喜德林的故事。

我沒有見過當攝政王的五世熱振仁波切，但我無數次地去過從佛殿變成廢墟的喜德林。因而對這個說法，即喜德林是同樣當過攝政王的達扎仁波切派人破壞的，表示嗤笑。

喜德林究竟是被誰毀的？多年前，我還在西藏自治區文聯就職時，採訪過好幾位長輩，都是一九五〇年以後逐漸巨變、逐漸失去一切的經歷者、見證人。從他們那裡聽說的

1. 愛德華・薩依德：Edward Wadie Said，1935–2003，出生於巴勒斯坦，後於美國取得哈佛大學博士學位，任教於哥倫比亞大學。巴勒斯坦獨立運動的強悍支持者，被喻為當代最具影響力的文化評論大師。著有：《東方主義》（*Orientalism*）、《文化與帝國主義》（*Culture and Imperialism*）、《遮蔽的伊斯蘭：西方媒體眼下的穆斯林世界》（*Covering Islam:How the Media and the Experts Determine How We See the Rest of the World*）。

2. 弗朗茲・法農：Frantz Fanon，1925–1961，出生於加勒比海的法屬殖民地馬提尼克島，後於法國里昂研讀精神病理學。是二十世紀重要的黑人評論家，以黑人角度探索殖民主義的本質，著有：《黑皮膚、白面具》（*Black Skin, White Masks*）、《受詛咒的大地》（*The Wretched of the Earth*）。

版本與《亞洲週刊》轉述的版本完全不同。

當年被母親送到策墨林寺為僧、如今依然虔誠信佛的退休幹部旺久啦說：「喜德扎倉[3]重創於一九五九年三月。中共軍隊以『平叛』為由，將拉薩城變成了屠戮之地。從其他寺院抓捕的僧眾有一部分就被關在喜德林，包括他也在內。而他親眼見到佛殿裡躺滿了傷者，連佛像也如受傷，東倒西歪，幾無完整。」

但對喜德林造成毀滅性打擊的是文化大革命。當時，有遠道而來、發動革命的「首都紅衛兵」及被稱為「翻身農奴」的群氓，還有豫劇團的演員、本土紅衛兵、援藏造反派和工人階級兄弟。他們把一個巨大的高音喇叭裝在最頂上那層，於是喜德林成了「造總」[4]的廣播站。

我採訪過其中一員。他當年是學生紅衛兵、如今是有名的民俗學家。他說廣播站是造反派非常重要的宣傳陣地，於是喜德林變成了造反派互相攻打和爭奪的戰場。你扔一個自製的手榴彈過來，我就連射無數發機槍子彈。當戰火硝煙散去，曾經有過五層之高的佛殿已被削得只剩三層。而僧人早就跑的跑，抓的抓，殺的殺，正好空出房間留給解放軍一住就是多年。喜德林變成了軍營，就像大昭寺變成了解放軍的豬圈。

事實上，喜德林的下場不過在半個世紀內完成，可耐人尋味的是，竟然就到了眾說紛紜或者諱莫如深的地步。一些專事改寫歷史的中共御用文人，不願提及「人類殺劫」留

3. 扎倉：為藏語，指藏傳佛教中研習佛學之場所。

4. 造總：全名「拉薩革命造反總部」。拉薩兩大造反派之一的據點。拉薩革命造反派成立於一九六六年十二月二十二日，撤銷於一九六九年三月二十五日。成員以學生（中央民族學院和拉薩中學的學生居多，也有西藏民族學院的學生）和工人（包括水泥廠、機修廠、汽車一隊、汽車二隊等）為主。

下的累累憑證，一言以蔽之地說，早在圖伯特被和平解放以前，那個做過攝政的「熱振活佛」就成了「愛國人士」，他被親英帝國主義的「達扎活佛」迫害致死以後，喜德扎倉就被燒毀了。這可真的是一派胡言。

把寺院變成戰場或者軍營、據點，比把寺院變成旅館、倉庫更加怵目驚心。應該說，圖伯特從來沒有出現過這麼多廢墟，哪怕是在教派有過紛爭的歷史上。這些廢墟都是近代蛻變的象徵。

而喜德林三層樓高的內牆上，迄今依舊留存著清晰可辨的毛主席語錄：「團結緊張，嚴肅活潑」，以及亂七八糟卻有歷史烙印的各種塗鴉。

淪為廢墟的寺院牆上還留著文革時塗寫的毛澤東語錄，以及各種塗鴉。（拍攝於 2010 年 3 月，拍攝者 唯色）

《西藏祕密》有什麼樣的祕密？

二〇一三年一月，由涉藏高官們當顧問的四十六集電視連續劇《西藏祕密》，在CCTV8臺黃金檔一鼓作氣地播完了。出品人江洛金．次旺雲丹信心滿滿地表示，不但要拿中國電視劇最高「政府獎」即「飛天獎」，還要賣到國外去，因為賣點是「藏人說藏事」嘛。

但在新浪微博這個中國版推特上，隨著每晚連播四集的速度，藏人觀眾們惡評如潮。這位藏人的點評一語道破的：「祈求轉世的回遮法[1]就像下指標一樣由上密院發出讓各貴族代辦，以往被歪曲被妖魔化的人皮、經血又被無知到底的劇作家搬到檯面以顯舊時西藏的黑暗、殘酷，整個劇情無非就是中國連續劇熟稔的速食式的後宮博弈加應景主旋律的幫腔，這就是製片人次旺雲丹所謂的『藏人說藏事』，您真圓滑，也真正懂事。」

另一位藏人欲言又止：「藏人說藏事的《西藏祕密》導演、編劇都不是藏人，主要演員百分之八十是非藏人；而本地一些很好的演員也只是打醬油（跑龍套）滴……，這樣的『高原絕戀』，呈現的西藏歷史、文化風俗，只怕會誤導更多的人……」

1. 回遮法：密宗修法有息增懷誅四種事業，回遮法屬誅法所攝，降服諸魔之意。有解釋說：「回」即將惡咒邪術的力量反彈回給下惡咒邪術的外道邪師，他下咒的力量有多強，反彈的力量就有多強。至於「遮」就是遮斷所有不吉惡咒邪術的力量。

也有少數的漢人網友批評說：「央視八套正播的《西藏祕密》以漢人的角度去詮釋藏人的信仰，漢人爽了；但不知雪域佛國的藏民是否能領中萱堡（中宣部）的情。撥開冠冕的理由，最終還是為了自己終極的利益而不讓分離，何必粉飾，尊重人家就行。」「無意間看到此劇，瞠目結舌，靠著生搬硬套的劇情掩蓋漏洞百出的歷史背景，此片喉舌意味明顯，看多容易虛火，觀看時請服用金嗓子喉寶。」

那麼，與堪稱妖魔化西藏標本的紅色經典電影《農奴》[2]相比較又怎樣呢？我抽出幾個晚上打算看看似乎要爆猛料的《西藏祕密》，可實在看不下去，終究還是忍住反胃，斷斷續續看了一些。的確是這樣，大到歷史上的種種事件，小到各色人物的舉手投足，幾乎無一不出錯，幾乎無一不竄改，幾乎無一不謬誤。

「說是比《農奴》還差。說主要顧問都是江洛金家的幾個人。按說他們應是比較明白的人！是身不由己還是利益驅使？不過陰法唐和宣傳部出馬，也只能這水準！」被此劇完全改變了真實形象的某歷史人物的兒子，在給我的郵件中寫道。

我也想在微博上參與點評。但我的微博被禁言半年了，只剩下看別人發言的功能。不過我還是把我的看法轉發給了江洛金·次旺雲丹，以及編劇兼導演劉德瀕，他們都沒有回覆，也許並沒有看到，那我就貼在這裡吧：

這部電視連續劇在很有用心的編造下，一段並不久遠的歷史充斥著曲解和變形。這樣

2.《農奴》：一九六三年解放軍八一電影製片廠所發行的劇情片。講述西藏農奴強巴全家被農奴主壓迫折磨，後被解放軍所救的故事，是第一部改寫西藏的宣傳片。出於意識形態的需要，它對西藏與西藏人，尤其是對西藏的宗教與文化進行了歧視性的「刻畫」和妖魔化的表現，其目的是為了獲取殖民的權力與合理性。

的態度事實上是傲慢的，表明臺前幕後的製作者毫不理會真的歷史，如同毫不理會諸多作古的或健在的當事者及其後人。這些被刻畫的人物原型包括拉薩當年貴族。製作者以不屬實的傲慢態度羞辱了當年的拉薩貴族及其今天的後人。

看到一細節：某堪布[3]向某貴族傳達熱振攝政的聖旨，第一句話是：頂禮文殊自在化身的南京大總統；第二句話是：頂禮金剛總持者達賴喇嘛。僅此一斑就足以窺全豹了。此電視劇依然與黨的所有涉藏的文藝作品一樣，對真正的歷史事件進行刪除和否定，進而填補他們需要的說辭。舊瓶裝新酒，還是那一套。

相信江洛金・次旺雲丹並不是真的拿錢投資《西藏祕密》的人，自有那大老闆給錢，只不過需要用他的名字，不然怎麼會是「藏人說藏事」呢？統戰部有個叫「益多」的寫作班子扮「藏人」說「藏事」已被揭穿，那麼現在就派出江洛金・次旺雲丹吧，還是貴族後裔呢，自有那賞賜多多。

一位在中國有點名氣的五毛髮的微博洩漏了天機：「據說《西藏祕密》過審時，一個西藏當地領導激動地說，我們和藏獨分子沒有刀沒有槍鬥爭了這麼多年，這部劇是在給我們送來刀槍……」。呵呵，「藏人說藏事」的《西藏祕密》，原來是黨的宣傳部架在CCTV這個國家主義舞臺上的刀槍啊。

面對藏人網友的吐槽，平日裡甚愛在微博上顯擺的江洛金・次旺雲丹，這時卻避而不

3. 堪布：藏語，指佛學博士，在佛學院中擔任上師，傳授佛學知識，指導弟子修行兼寺院管理職責。

現身了。劉德瀕（網上介紹他是「北京電影學院文學系副教授，碩士研究生導師，著名編劇」）倒是按捺不住了，他表示要寫《西藏祕密》第二部，而且口吐豪言：「一定寫，讓叫囂分裂祖國的跳樑小丑們無處藏身」，這個政治帽子扣得嚇人啊！這個政治大棒掄得狠毒啊！

要知道，這幾十年來，懸在藏人頭頂上的（不止是藏人，還有維吾爾人、蒙古人等被稱作「少數民族」的族群），最兇猛的就是以「分裂」為名的大刀，一旦落下就可能奪命。這絕不是一個無足輕重的指控。它意味著搞「顛覆」、搞「獨立」、「叛國投敵」等等。它所帶來的後果，會被逮捕，會被判刑，甚至會被人間蒸發，在早些年是要被公開審判，拉出去槍斃的。這樣的事實不勝枚舉。

創建西藏共產黨組織的平措汪傑先生，在一九六〇年被關進中國最重要的政治監獄——秦城監獄長達十八年，就是被認為「有地方民族主義思想」，想搞「藏獨」。十世班禪喇嘛當年被各種大會批鬥，之後被囚禁將近十年，也是因為他上書毛澤東的《七萬言書》[4]，被指控「反人民、反社會主義、蓄謀叛亂」。

對於普通藏人而言，類似指控都是滅頂之災。有時候這種指控會輕一點，換個說法叫做「有民族情緒」，但也足以讓體制內的民族官員倒楣，除非表現得一個比一個沒有良心，才可能自保。記得我當年就職西藏文聯時，擔任黨組書記的藏人因被說成「有民族情

4.《七萬言書》：為十世班禪喇嘛撰寫於一九六二年的一份藏區調查報告，原名為《關於西藏總的情況和具體狀況以及西藏為主的藏族地區的甘苦和今後希望要求的報告》，全文約七萬餘字。內容剖析了在中共治下西藏民族在各方面所遭受的毀滅性侵害。因向毛等中共首腦遞交該書，於一九六四年被定性「反黨、反人民、反社會主義」的「三反分子」、「最大的反動農奴主之一」而遭到批判。

緒」，從此再也升不上去。而我自己，是因為寫的一本散文集[5]被認為犯了「政治錯誤」，於是被開除。

所以，對於另外的許多人而言，這也是行之有效的政治大棒，掄起來也是得心應手、獲益多多的。平措汪傑先生對此的描述是：「吃反分裂飯、升反分裂官、發反分裂財。」拍攝《西藏祕密》的劉德瀕自述他很瞭解西藏，多次去西藏深入生活，但他顯然由此深諳的是這樣一種專門對付藏人的「潛規則」，善舞的是這樣一根專門收拾藏人的政治大棒。為此祝賀劉導演，靠這樣一部文藝作品，不但為黨找到了「境外敵對勢力」，還準備抓出一些「叫囂分裂祖國的跳樑小丑」。而且劉導演挺擅長功夫在詩外，不停地集合若干御用的「著名導演、文藝評論家和藏學專家」或業內人士開會唱讚歌。讓我們展望他的未來吧，不但會穩拿「飛天獎」之類，還可能坐上北京電影學院院長的寶座，對此我一點兒也不驚訝。

而我稍覺驚訝的，是年輕藏人的執著和精彩紛呈。就在昨天，在中國的視頻網站「優酷」上，名為「羊糞蛋組合」的幾個藏人歌手，將一首說唱歌曲〈尊重〉送給了《西藏祕密》劇組，用中文酣暢淋漓的說唱，穿插藏語歌曲和英語，提醒正高舉大棒的劉導演：「……我們不搞民族的獨立，也從來不搞分裂，只是要求尊重，歷史和真相不需要你們改編……，一次次的惡名和醜化這個民族。也許這是個陰謀，你只是個小丑，不要再侵犯和

5. 散文集：此指《西藏筆記》，二〇〇三年中國花城出版社出版，以散文描述藏人生活、西藏故事，卻被當局禁止。在臺灣更名為《名為西藏的詩》，於二〇〇六年由大塊出版。

誹謗藏族幾千年的歷史，……歪曲歷史證實了你們想要達到的虛假的真實，瞭解真正的歷史的同時才能看到民族的本質。卡瓦尖[6]的民族絕對不是哭泣的雪獅，沒信仰的人編造的醜劇你們從哪來的本事？」

沒錯，他們哪來這麼大的本事，可以肆無忌憚地改寫歷史，又可以殺氣逼人地討伐異見？僅僅一天，這首說唱歌曲便被和諧，而製造不和諧的《西藏祕密》卻風光得意。

6. 卡瓦尖：藏語，意指雪域，即是西藏。

哈勒的《西藏七年》有兩個中文版本

藏人觀眾在微博上對四十六集電視連續劇《西藏祕密》的不滿，讓編劇兼導演劉德瀕很不爽，他也顧不得此劇顧問都是宣傳部大員等涉藏高官，聲稱拍此劇的參考讀物是哈勒（Heinrich Harrer）名著《西藏七年》（*Seven Years in Tibet*）的中國譯本。要知道，海因里希．哈勒在中國的形象不但是「藏獨分子」的盟友，還被渲染成「納粹分子」，一九九七年好萊塢依其書拍的同名電影，在全世界影響太大，一直讓黨恨得咬牙。

劉導演其實是個聰明人，他只是選擇性地從漢譯本中挑了一頁，勝券在握地說：「這是哈雷（哈勒）《西藏奇遇》的書稿，關注達賴『聖物』的朋友可以看。達賴老師當年親身經歷，想一想吧？」很顯然，他這是想借用哈勒的口來反駁藏人對此劇的批評。

《西藏奇遇》即《西藏七年》的中國譯本，一九八六年六月西藏人民出版社出版，譯者叫袁士樸，Google搜出他是濟南大學的英語教授，當過該校外辦主任。有藏人青年從網上找到《西藏奇遇》，選了其中三頁給劉導演寫了篇文章，我注意到這句話：「是哈雷（哈勒）在書中表現出對『紅漢人』朦朧的好感和期待讓您更加青睞他的作品？抑或是這本書被譯者進行了藝術再加工？」

對哈勒基本的瞭解使我意識到中國的譯本有問題。說來很巧，我的書架上就有《西藏七年》的漢譯本，卻是一九九七年臺灣大塊文化出版社出版的《西藏七年與少年達賴》，譯者刁筱華，臺灣人，曾在美國加州聖荷西州立大學英美文學研究所做研究，現專事翻譯與寫作。

我將臺灣譯本與中國譯本的那三頁做了對照，果然出入很大，有添油加醋的，也有刪減的。比如臺灣譯本二八八頁的這段話：「我知道，布達拉宮的生活，有毛澤東的陰影在，是不可能平靜的。不再有美麗幡旗，而是紅旗，紅旗上的錘與鐮刀隨風浮沉，向世界昭告著它的統治權。或許欣然僧佛，恒常的觀世音菩薩，能熬過此無情政權，就像他曾熬過如許多中國侵略一樣。我只能希望，這世上最寧靜的國度能不必受太多苦，不要被這激烈的變局給壓垮了。」

同樣的原文，卻在中國譯本的三六四頁被譯成這樣：「我知道，從今以後，天安門所發出的強烈光芒將照亮布達拉宮的金頂，在隨風抖動著的經幡旁邊會飄揚著『鐮刀與錘子』的紅旗。不可否認，這是一面改朝換代的旗幟，是一面引導中國走向統一的旗幟。我不禁暗暗向神靈祈禱，祝願這片沉睡了千年的土地在共產黨的號角聲中甦醒過來，從而進入先進民族的行列。」

那麼，我們應該相信哪一個中文譯本呢？

美國藏學家梅爾文・戈爾斯坦（Melvyn Goldstein）的學術著作《現代圖伯特史1913-1951：喇嘛王國的崩逝》（*A History of Modern Tibet,1913-1951:The Demise of the Lamaist state*），雖然只有中國譯本（即《喇嘛王國的覆滅》）而沒有臺灣譯本，但經研究英文原著的人發現，從這個漢譯本中讀到的不是原裝的戈爾斯坦，而是經過中國藏學家杜永彬修改了的戈爾斯坦。因為杜先生在翻譯的時候，多處做了修改，實際上這叫做竄改。這種翻譯表現出「政治對學術的野蠻入侵」，「這是在利用外國原作者的學術聲譽欺騙中文讀者」。

如此被政治入侵的翻譯不只這一本學術著作。連哈勒被譯為全世界三十多種文字的《西藏七年》也難逃此劫。我請在德國專攻語言的朋友找到《西藏七年》的德文原著，與兩種漢譯本做了對照，朋友大為驚異，認為中國譯本對哈勒原著進行的竄改實在無恥，而臺灣譯本，才是忠實的翻譯。

慶幸的是，哈勒已於七年前去世，不然會被電視劇《西藏祕密》及其導演噁心死。不過我很想知道，他健在時，是否知道中國漢譯本在翻譯他的著作時動過這麼多的手腳呢？

「力爭只產生國內達賴喇嘛靈童」的意思是什麼？

二〇一三年六月九日，香港《亞洲週刊》（第二十七卷二十二期）發表的〈專訪中共中央黨校社科教研部靳薇教授：重啟談判解決涉藏問題〉（作者紀碩鳴），是一篇值得細讀的文章。

其中，中央黨校教授的這句話是點睛之語：「力爭只產生國內達賴喇嘛靈童。」另外，還講了一句洩漏天機的話：「雖然我們可以用『金瓶掣籤』[1]限制靈童產生於國外，但歷史上也有由活佛自行指定接班人的先例。『雙胞班禪』的尷尬應當盡力避免。」這位中央黨校教授太不小心了，怎麼能把土共主持「金瓶掣籤」欽定「假班禪」[2]的祕密給洩漏了呢？

這位建議「中國共產黨必須高度自信」的中央黨校教授，對藏人自焚的定性很冷酷：「自焚一直持續並加速發展，幾乎變成了一種『集體癔症』，成了傳染病，成為一場運動。」

她的最後一段話則有一石數鳥的打算：「涉藏問題對當下的中國至關重要。若能創新

1. 金瓶掣籤：藏傳佛教相信，為普渡眾生，菩薩與佛會再入輪迴，並衍生出轉世傳承的制度——在原修行者圓寂後，經由一套嚴格尋訪、認證過程，認定一位孩童（靈童）為修行者的轉生，繼續佛教事業。滿清乾隆帝採用金瓶掣籤，以抽籤的方法決定轉世靈童。將印有候選靈童的紙條黏貼在象牙牌子，套上黃綢封袋，放入金瓶之中再由駐藏大臣抽出。金瓶掣籤實則出於政治考量和控制，故備受爭議。
2. 假班禪：指中共當局利用金瓶掣籤所選出的十一世班禪。十世班禪圓寂後，依據藏傳佛教傳統，一九九五年三月，達賴喇嘛宣布轉世靈童為根敦．卻吉尼瑪，中共當局對此否認，宣稱達賴喇嘛：「否定中央政府在班禪轉世問題的最高權威……是非法、無效的。」之後於同年十一月

思維、破解僵局，不僅可促進社會穩定，避免形成難以癒合的民族創傷，對國內其他少數民族亦有正面影響。同時，對臺灣統一有幫助，也可以提高中國的國際形象。」

問題是，非常巧合的是，就在中央黨校教授建議「……讓達賴喇嘛純粹以宗教領袖的身分訪問香港或澳門。將來可以考慮讓達賴喇嘛居留香港」的同時，六月三日，《西藏之聲》報導〈港團體邀達賴喇嘛訪問香港主持宗教活動〉，稱「香港藏漢友好協會近日表示，已經就邀請達賴喇嘛訪問香港，主持『世界和平，四海和諧』的宗教活動，而向香港入境處遞交了申請。」

怎麼會這麼巧合!?太不尋常了！難道真的在下什麼套嗎？這個「港團體」什麼背景？

據報導，邀請尊者訪問香港的是「香港藏漢友好協會」創辦人某某。推特上，有香港網友說這個人「傳說是個騙子，有人說他有親中共背景。前天已有朋友來問此人背景，還說他明天要開記者會。」

雖然騙子與親中共的背景倒是很貼切。但問題是，怎麼會有這樣的人去邀請尊者達賴喇嘛赴香港呢？這豈不是太險惡了？

而這「藏漢友好協會」，很像全世界遍地開花的孔子學院，背景複雜，諜影幢幢。

而其創辦人某某，據推特上網友提供的消息，二〇〇九年時是一個叫做「捍衛人格尊嚴協會」的召集人，那時因為做過搞亂香港「七一大遊行」的事，曾被《蘋果日報》報

舉辦金瓶掣籤，改選轉世靈童。以此方式決定的十一世班禪，始終不被藏人所承認，而有假（加，即藏語的「漢」）班禪之稱。而根敦．卻吉尼瑪，在達賴喇嘛宣布他為轉世靈童的第三日，就被中共當局自家中帶走，迄今仍無他的下落。

導：〈爭租維園場地　所行路線相同　另類團體被質疑搞亂七．一遊行〉。當時《美國之音》也報導了他要去維園爭搶遊行地盤的事。

而今這人又成了「香港藏漢友好協會」創辦人，於二〇一一年年初還去過達蘭薩拉[3]，見到了尊者達賴喇嘛，然後將尊者與他的合影放大，到處炫耀，最近則宣布已邀請尊者訪問香港主持弘法活動，甚至聲稱「已取得政府的批准文件」。可是，如推特上網友所說：「年前香港政府就拒絕過王丹入境，如果這次會讓達賴喇嘛尊者入境的話，那真的很奇怪。」

這裡面究竟有什麼名堂？

關鍵的關鍵是，中央黨校教授很神奇啊！她的第一個建議顯然已經巧合了（尊者去不去得成香港另說，但巧合是發生了），而她的第二個建議是「力爭只產生國內達賴喇嘛靈童」，難道也會最終巧合？

怎麼感覺是某個棋局正在一步步走呢？到底要怎麼個「力爭」？中央黨校教授口中的「我們」是誰？

中共會不會在布局？很用心地、很遠慮地，布一個很大的局呢？這裡面貌似出現了很多各種身分的人。白臉紅臉。甜言蜜語。甚至在打悲情牌。而他們用「重啟談判」做誘餌，用訪問香港弘法做誘餌，包括最近新華社報導中共投入二百五十萬元修繕尊者達賴喇嘛故居（位於青海省海東地區平安縣石灰窯鄉紅崖村），他們的目的，是不是就想讓尊者

3. 達蘭薩拉（Dharmsāla）：位於印度北部，一九六〇年達賴喇嘛取得印度政府同意，於此地建立西藏流亡政府，自此被藏人視為自由與信仰之地，流亡藏人大量遷入，使該地具有濃厚的西藏色彩，又被稱為小拉薩。

最終承諾轉世到「國內」？——正如黨校教授所說的：「力爭只產生國內達賴喇嘛靈童。」

可是，正如推特上網友分析：「只為訪港而作出代價如此高的讓步，明顯不合理。聯繫到西藏流亡政府急切想重返西藏而承諾放棄政治獨立地位及民主，訪港可能是談判中關鍵的一環。」尊者當然不可能輕易承諾，但中央黨校教授言必稱的「我們」一定是會「力爭」的，因為對於北京而言，只要達賴喇嘛在境外，無論是這一世還是下一世，那都是有著特殊性的困局，而只要化解『達賴喇嘛困局』，可以起到『四兩撥千斤』的作用」。

漢語實在太豐富了。針對年事已高、轉世的問題，已經迫在眉睫的尊者，又要力爭，又要化解，這些說法都意味著什麼？

一位漢人獨立知識分子給我發來郵件，憂心忡忡地說：「《亞洲週刊》最近兩篇文章顯然有背景。上一篇說的是現在藏人內部的分裂，流亡政府無法穩住大局。後一篇有幾個關鍵字我並不喜歡：轉世靈童、邀請尊者去香港訪問等。而邀請尊者赴港是吃準了尊者的心思：他多次談到習仲勳（習近平之父）並表示好感，對習近平寄以厚望。如果動之以辭，尊者可能會樂意前往。但考慮到班禪十世在日喀則圓寂的事情，我想起險地不赴的古訓……」

是啊，險地不赴！正值有人「力爭只產生國內達賴喇嘛靈童」之時，惟願尊者平安，尊者無恙！

中國政府對藏政策調整了嗎？

數日前，微博微信上許多藏人以奔相走告的熱情傳播這個消息：「最近中國政府對藏政策調整引起世界的關注：第一，各寺院可以自由供奉達賴喇嘛法相；第二，不許誣衊和指示他人謾罵達賴喇嘛；第三若在寺院中發生重大事件，先由寺院領導和高僧等進行內部調節，軍警不會立刻進入寺院採取壓制等措施。」

此消息可能來源於二〇一三年六月二十日，《西藏之聲》報導青海省海南州允許寺院供奉尊者法相等三條，且先不說此消息是否準確，報導本身以偏概全，竟將一個州的事說成是「中共允許西藏寺院供奉達賴喇嘛法相」。

《西藏之聲》還稱：「現居瑞士的朱古洛桑成列仁波切說……中共當局安排由僧人代表組成的多個小組……宣布具有三項內容的官方文件。」我很想給這位仁波切捎個話，能不能拿出「具有三項內容的官方文件」的照片公諸於世？沒有佐證的照片，任何激動都可能被釣魚，別被人賣了還幫著數錢。

六月二十一日，中共海外喉舌《多維新聞網》偷換概念，稱〈達賴法相可公開懸掛中共西藏政策調整〉，就海南州一個州的事說成是全藏區正在發生的巨變。素知《多維新聞網》神通廣大，請公開此文件，我們需要眼見為實。

目前，全藏區只有青海省海南州這一個州據說有文件讓掛尊者法相，但是有誰見過這傳聞中的文件？至於其他所有藏區，其實並無變化。而西藏自治區，誰敢掛尊者像誰就攤上大事了。

做為藏區榜樣的西藏自治區，從二〇一一年底大搞「九有」工程，讓所有寺院所有農牧民家庭不但高掛五星紅旗，還要掛中共領導人畫像，不掛就是政治問題，最近還在一絲不苟地檢查。可這轉眼間就「調整政策」，讓尊者法相與中共領導人畫像並排高掛在寺院與家庭，而這可能嗎？

如果中國官方允許藏人供奉尊者像，就得對之前的大批判做出修正，解釋達賴喇嘛不是分裂分子，不是國家敵人。而這可能嗎？嚴禁供奉尊者像，在西藏自治區始於一九九五年，從那時到現在，多少個官員升官北京，掌握大權，那麼這是要讓他們認錯？而這可能嗎？如果可能的話，那就說明中國的政治體制已經改革了，而不只是「中共西藏政策調整」了。

一位在體制內的藏人知識分子發微博提醒：「要謹慎解讀目前放出的幾條消息，也不要輕易往復到『毀於希望』的希望中，輿論提及的相關會議我有參與，整體感覺並沒有網上提及地那樣明朗開放，釋放善意與緊鑼密鼓並進同行，民間層面很快進入到奔相走告的欣喜狀態讓人很是憂心。」

不過這幾條消息是誰放出來的？意在何如？

的確，最近情況變得複雜。中國官方報導撥款兩百五十萬元修繕達賴喇嘛故居，中共黨校教授直言要「力爭只產生國內達賴喇嘛靈童」，加上在青海省海南州各寺院懸掛尊者法相等消息，會給外界造成一個印象，認為中共的西藏政策發生了好的轉變。但是，我擔心這是一個局。流亡西藏希望有談判的機會，但我希望能堅守一些底線。

西藏有句諺語：「藏人毀於希望，漢人毀於猜忌。」民間流傳很廣，是因為諺語

拉薩老城街頭的尋常景象。（拍攝於 2013 年 10 月，拍攝者 唯色）

一次次變成現實，悔之晚矣。無論如何，需要冷靜地觀察、核實，慎而待之，而不是盲目輕信、樂觀，否則可能會被置於某個局中動彈不得。歷史上前車之鑒已太多。前幾年中共為北京奧運設計國際公關而一次次進行的藏中會談，最終在戾氣沖天的氣氛中結束，難道創傷猶在就忘了痛？

我注意到一位網名叫做「巴登上師」的西藏僧人就上述三條消息，在新浪微博上說：「很遺憾，這是條假簡訊」，「最近網上流傳甚廣，以（已）找當地政府核實，並無此政策」。

然而，類似「西藏政策調整、改善」等消息，應該研究其傳播路徑。不止這一例。似是而非的消息從境內神祕傳到境外（流亡社會或流亡人士），被輕信與放大，透過流亡媒體輕率報導，再被各種人士過度解讀，以致不斷發酵，其實具有貽害作用。

這其中既有有意識地製造與不加證實地傳播，也有流亡西藏一直對中國當局及社會以及境內西藏的誤讀。而在傳播過程中，難以進入藏區進行獨立調查與採訪的外媒若被利用，更會加速某種謬種流傳。對治的唯一辦法就是清醒，經驗與常識以及事實才是最可靠。

無論如何，對專擅各種詭計的極權者抱以再高的警惕和懷疑都不為過。而媒體被利用跟著布局的前車之鑒也不是沒有過。西藏政策若有變化，讓各地藏人自由進入拉薩才是證明，而不是傳言中的掛尊者法相。

所謂十世班禪喇嘛「致電毛澤東、朱德求早日解放西藏」

在中共講述的所有西藏故事中，有一個故事是不厭其煩地講了又講，說得就跟真的一樣。我隨手在網上一搜，就能輕易找到，如〈十世班禪主動致電毛澤東、朱德求早日解放西藏〉一文，冠名「歷史網」的寫手寫到：

「一九四九年十月一日，就在中華人民共和國開國大典的同一天，十世班禪額爾德尼·確吉堅贊從青海塔爾寺致電毛澤東和朱德，祝賀中華人民共和國成立，代表全藏人民『致崇高無上之敬意，並矢擁護愛戴之忱』，相信『西藏解放，指日可待。』明確表示擁護中央人民政府，願為解放西藏、完成祖國統一貢獻力量，毛、朱覆電勉慰。」

對這個故事信以為真的人一定不在少數，但有一位當事人終於吐露了實情，為的是表明自己乃「解放西藏」的功臣。此人即六十多年前，中共開進西藏軍隊中的「西北進藏部隊司令員」——范明，因為與另一支進藏軍隊的頭頭譚冠三、張國華爭奪頭牌功勞產生了激烈矛盾，但對外，卻說成是因為「達賴喇嘛與班禪大師的矛盾」，而產生了「西藏內部之爭」。

當年鬥不過譚、張等人的范明被整得於一九五七年慘澹離開西藏，甚至被關押十三年，一九七五年才從秦城監獄放出。但幸虧他很長壽，比對手們多活了三十多年，使他有足夠的時間寫一部厚厚的《西藏內部之爭》，並於二〇〇九年由其孫女交予香港明鏡出版社出版，對於當年在仕途上打敗他的對手，最終打了一場不戰而勝的勝仗。

話說范明在書中回顧個人重要性時，寫他最初與十世班禪喇嘛的工作人員（即「班禪堪布會議廳」[1]接觸，便提議「班禪先生既是國內外知名的一位西藏宗教領袖，他對祖國和共產黨的熱誠應該使全國人民都瞭解才好」，對方就問：「應該用一種什麼方式使全國人民得到瞭解呢？」范明就循循善誘：「正好中華人民共和國很快就要宣告成立了，讓他是否趁這個機會向全國各族人民的領袖毛主席發出一個電文，以表示你們的立場？」

於是，古老中國的偉大發明——三十六計便運作起來。正如范明所述，「電文的初稿是由計晉美和曾任過九世班禪的漢文祕書的宋之樞先生共同商量起草的」，因起草者不擅「共產黨領導下的新政權的電文」，「電文起草後，又拿到聯絡部來向我徵求意見，……我同他們一起逐字逐句討論了一遍，又送給張德生同志看過。」

當然，范明聲稱這兩份經他修改、定稿的電文，是「按照班禪的旨意」而寫，又「經過班禪審定發出」，可當時的班禪喇嘛才十一歲，難道就已經具備了這麼高的政治覺悟？深深瞭解班禪喇嘛的阿嘉仁波切[2]在剛出版的自傳《逆風順水》中對此評論，「更深的政

1. 班禪堪布會議廳：前身為一九二三年，九世班禪所建立的班禪行轅，由班禪喇嘛隨侍人員所組成的議事機構，輔佐班禪喇嘛決策計劃。

2. 阿嘉仁波切：俗稱阿嘉活佛，是格魯派仁波切系統，為宗師宗喀巴之父的轉世，格魯派六大寺院之一塔爾寺寺主。此指第八世轉世阿嘉·洛桑圖旦久美嘉措，阿嘉仁波切在被中共操控的金瓶掣籤事件之後，為避免擔任中共決定的十一世班禪的經師，於一九九八年祕密出走，現居美國。

治，他恐怕是不懂的，甚至連共產黨是什麼概念，怕是他都不知道」，「班禪大師還在小小的年紀，就被捲入了變幻莫測的政治風雲當中。」

實際上，這電文出自中共的旨意，並由中共自己發給自己，可范明卻稱，「這就是一九四九年十月一日，班禪為慶祝中華人民共和國成立，向毛主席、朱總司令和彭德懷副總司令分別發出的那兩份舉世矚目的致敬電」，范明更是毫不臉紅地盛讚這「是兩份具有重大歷史意義的文獻」。

偽造者就是偽造者，電文中破綻分明。比如，十一歲的班禪喇嘛怎會說出「班禪世受國恩，備荷優崇。二十餘年來，為了西藏領土主權之完整，呼籲奔走」，「今後人民之康樂可期，國家之復興有望。西藏解放，指日可待」？十一歲的班禪喇嘛怎會哀求「懇率領義師，解放西藏，肅清叛國分子，拯救西藏人民」？

不過呢，既有了致電，就會有覆電。十一月二十三日，毛澤東令新華社發布了他、朱德、彭德懷給班禪喇嘛的覆電，稱「西藏人民……願意成為統一的富強的各民族平等合作的新中國大家庭的一分子。中央人民政府和中國人民解放軍必能滿足西藏人民的這個願望……」雙簧戲演到這裡，終於揭底了。

中國藏學家不說的是什麼？

沈衛榮先生是清華大學人文學院歷史系教授、中國人民大學國學院教授，據中國人民大學網站介紹「是一名在國際學術界十分活躍的中國藏學家」。

最近在中國的一個學術、思想性網站——《共識網》上，讀到《三聯生活週刊》對沈衛榮先生的專訪〈西藏、藏傳佛教的真實與傳說〉，以及幾年前他的一篇文章〈誰是達賴喇嘛？〉，讓人遺憾地注意到做為一位研究藏學、研究藏傳佛教的學者似乎不應該出現的問題。當然，如我這樣既未受過學術訓練，也缺乏深厚學識的文學工作者，只能直抒感受，故在推特上寫道：

沈衛榮說「達賴喇嘛的活動舞臺擴展到了整個世界，而唯有物質的、現實的西藏卻不再是他涉足的地方……」這位極有學問的藏學家先生，似乎忘記了，是誰逼迫達賴喇嘛無法「涉足」那「物質的、現實的西藏」了。

……他強調「達賴喇嘛的『化土』本不應該是西方，而是西藏」，就像是他無知到了竟然不知達賴喇嘛是何以不能去自己的「化土」的真實原因，就像是他壓根兒忘記了一九五九年！

沈衛榮語含譏諷地寫道：「當今的西方世界竟然比達賴喇嘛的本土更需要達賴喇嘛，而做為觀音菩薩化身的達賴喇嘛也終於將整個西方世界當成了他新的『化土』」。沈先生你是不是沒去過西藏呢？那麼多藏人用自己的生命呼喊：「讓尊者達賴喇嘛回家」，可達賴喇嘛回得來嗎？你沈先生的老闆讓他回來嗎？

網路時代的話題常常引發不乏精彩的評論，在此摘選推特網友的推文：

「當時我第一次讀到《三聯生活週刊》採訪他的文章，總覺得哪裡不對，看到這一句我徹底明白了沈的底色：『只有十三世是真正掌握了政治權力的，這已經是到了民國時期了』，這種句子包裝巧妙，誤導中國讀者十三世的西藏是中華民國的一部分，但又沒有明說，抓不住把柄。」

「沈文認為只有民國年代的十三世達賴喇嘛徹底掌握了西藏的政治經濟大權，卻隻字未提十三世達賴喇嘛的政治權力並非來自中華民國，這樣的『忽略』有違嚴肅的治學。」

「在一大堆黨用學者中，沈比較用功，迷惑性也較強，裝得很學術，但從他評十三世的一句話就可以確定他也是吃維穩飯的，文化特務而已。〈誰是達賴喇嘛？〉中他明明是自己想謾罵尊者，卻裝模作樣說成是語出兩個知識婦女，手法幾近下流，不過絲毫不令人意外。」

「相對於其他御用學者，沈年紀較輕，比較熟悉西方，也知道中國政府聲名狼藉，因此他的文字大談歷史文化，避談現實政治，作獨立狀，但深究起來不免處處露出馬腳，文成公主話題又是一例。」

「沈某與黨宣肉喇叭的區別是，低級肉喇叭說不上三句話就掏出了『自古以來』這票房毒藥，沈文自始至終沒有出現自古以來的字樣，但每一個字都想偷偷走私『自古以來』這一毒藥。」

「稍注意一下就會發現，沈衛榮的年曆裡面沒有一九五九年，就像中國政府的月曆裡六月不見四日一樣，諱莫如深；他們的不說比說更說明問題。」

「其實，在中國目前的大環境下，寫任何關於西藏的真實歷史或現實，都是政治不正確的，也不大可能在媒體上發表，所以他們要麼不寫，寫出來能發表的，幾乎可確定百分之九十九是有問題的。」

同時，網友還批評了這些媒體：「包括《中國國家地理》、《三聯生活週刊》在內的城市中產階級媒體，在小清新的外表下面都肩負著國家社會主義的宣傳使命，是強力形塑國家機器所需要的漢人意識形態的工具。」

十三世達賴喇嘛的外交官是「俄國間諜」嗎？

前不久有幸結識了幾位來自布里亞特的藏學家，都是布里亞特蒙古人，有研究圖伯特歷史的，有研究藏醫學和藏傳佛教的，有研究藏文學的。很欽佩他們除了母語——布里亞特蒙古語——和俄文外，還會英文、藏文、中文等等。

交談間，得知莫斯科也有類似於北京、成都、蘭州等地的「民族大學」那樣的大學，大致可以翻譯為「民族友好大學」。最年輕的那位布里亞特學者開玩笑說，他到了莫斯科的「民族友好大學」，結果比以前更加發現各民族並不友好。布里亞特雖然聲稱是「自治共和國」，但據說就跟西藏自治區差不多（當然布里亞特共和國得到的權利遠多於西藏自治區）。全國一百多萬人口，布里亞特蒙古人才占百分之三十，其餘百分之七十是俄羅斯人。通用語言是俄語。基本上，布里亞特蒙古人只有在家裡才使用母語。

藏學家尼可萊・特西萊姆皮洛夫（Nikolay Tsyrempilov）贈送了他與藏人學者強巴桑旦（Jampa Samten）用英文和藏文合著的，有關十三世達賴喇嘛與著名的布里亞特喇嘛阿旺多傑的研究著作。其中收錄有十三世尊者與阿旺多傑相互之間的多份信件。

阿旺多傑，又稱阿格旺・道爾吉耶夫（Agvan Dorjiev），是布里亞特蒙古人、哲蚌寺拉讓巴格西[1]喇嘛，曾任噶廈[2]三品僧官，以及十三世達賴喇嘛的外交官。他受十三世尊者委託，是一九一二年十二月二十九日簽訂的具有歷史意義的《圖伯特蒙古條約》（*Tibet Mongolia Treaty*）的主要起草人之一、藏方簽約代表，而這份條約旨在宣布圖伯特和蒙古的完全獨立、脫離滿清政府的統治以及斷絕與中國的一切政治聯繫。

旅居日本的蒙古人作家達希東日布在〈蒙藏往事〉文中介紹：「在此條約中，西藏與蒙古庫倫政府互相承認主權獨立地位，序言寫到：『鑒於蒙古與西藏已經擺脫了滿洲王朝，脫離中國，並且已經變成獨立的國家，又鑒於這兩個國家一直信奉同一個宗教，而為了讓他們古老又相互之友誼得以強化的目的……』，接下來的各個條款裡載明著友誼、互助、佛教國家的兄弟情誼、貿易等等。整份檔案裡不時使用到藏文『讓贊』來指稱『獨立』。」

藏人作家嘉央諾布[3]在〈綜述導致十三世達賴喇嘛宣布圖伯特獨立的若干歷史事件〉一文中，稱阿旺多傑是「給十三世達賴喇嘛的甘丹頗章政府帶來改良主義和民族主義覺醒的開創性人物，但是……在圖伯特現代歷史中的作用迄今還沒有得到足夠的承認」。

十四世達賴喇嘛在湯瑪斯・賴爾德所著的《西藏的故事：與達賴喇嘛談西藏歷史》（*The Story of Tibet: Conversations with the Dalai Lama*）一書中，肯定阿旺多傑「事實上他是一

1. 拉讓巴格西：格西的意思是「善知識」，是藏傳佛教格魯派系統中，僧侶在學習佛學的過程中，通過辯經所考取的學位。拉讓巴格西指取得最高學位者。
2. 噶廈：一七五一年，七世達賴喇嘛時期建立的西藏行政機構，由數位噶倫（大臣）組成，輔佐達賴喇嘛處理行政事務。一九五九年，十四世達賴喇嘛出走後西藏原有噶廈制度被中華人民共和國政府廢除，以達賴喇嘛為中心的西藏流亡政府則保留，並進行現代化、民主化的改革。
3. 嘉央諾布：Jamyang Norbu，1949-，西藏作家、西藏獨立運動支持者。生於印度，現定居美國。二〇〇〇年，其著作《夏洛克・福爾摩斯的曼荼羅》（*The Mandala of Sherlock Holmes*），榮獲印度哈茨縱橫字謎文學獎（Hutch Crossword Award）。

個優秀的學者和虔誠的佛教僧侶，並且對十三世達賴喇嘛忠心耿耿。」

而阿旺多傑本人，於一九三八年被蘇聯共產黨史達林（Joseph Stalin）迫害致死，時年八十四歲。

中國政府則極其厭惡阿旺多傑（中文名德爾智），定性他是「俄國間諜」，非法簽署所謂《蒙藏條約》，宣布「蒙古、西藏均已脫離滿清之羈絆，與中國分離，自成兩國」，對他極盡否定與詆毀。耐人尋味的是，目前在美國的中國憲政學者張博樹，在其新書《中國民主轉型中的西藏問題》中，用類似中共御用學者的筆法，定義阿旺多傑「是俄國的間諜，以佛教出家人的名義獲得達賴喇嘛信任」，並且大段摘抄中共改寫西藏歷史的社科項目之一《西藏通史——松石寶串》[4]中的相關內容，用以佐證其與中共同出一轍的觀點。

對於中共及張博樹等如此歪曲阿旺多傑個人歷史的行徑，知名國際藏學家、美國印第安那大學教授艾略特．史伯嶺不禁笑道：「阿旺多傑如果是某一方的『特務』，那他就是十三世達賴喇嘛的特務。沒錯，阿旺多傑是在實行親俄的政策，但他是為了圖伯特的利益而非為了實現沙俄的陰謀。當時圖伯特正在面對英帝的侵略，親俄的政策是對付英帝的自然手段，而且達賴喇嘛在蒙古國流亡時也與沙俄官員進行過政治對話。」

詭異的是，張博樹這樣的國家主義學者，卻被流亡西藏政府負責聯絡華人事務的機構，視為「提高中國民眾對西藏問題正確認識」的合作人士，推崇備至。

4.《西藏通史——松石寶串》：西藏古籍出版社、西藏社會科學院，《中國西藏》雜誌社，一九九六年聯合出版。恰白、次旦平措、諾章、吳堅、平措次仁合著，陳慶英譯。

III

༄༅། །དག་ཞིང་གི་རྒྱབ་ཕྱོགས། །

被置於護照困境的藏人

藏人們若想去朝聖、探親或學習，就只有冒著生命危險翻越喜馬拉雅雪山，不但要忍受一路的饑寒交迫，還要忍受各色人等的敲詐勒索，甚至還會付出流血捨命的代價。相信誰都明白，如果能夠像中國的其他國民那麼容易地辦護照，藏人又何必如此自討苦吃？

「想不想要飯碗？」

二〇〇八年在全藏地爆發的抗議被當局鎮壓之後，各種「人人過關」的手段持續至今。二〇一一年夏天，我在康地旅行時瞭解到，四川省藏區的所有「國家公職人員」都要填一份特殊的表，內容包括：一、家裡有無僧尼；二、家裡有無佛龕；三、家裡有無掛達賴喇嘛照片；四、家人有無出國；五、本人有無護照；六、本人有無雙重信仰（一方面信共產黨，一方面信佛教）。雖然這個表，不分漢藏都要填，但實際是針對藏人的。

在民主社會生活的一位臺灣朋友說：「好無聊，填了又如何？」我回答：「填『有』，就被打入另冊，成了嫌疑對象；填『無』，那就是黨的培養物件了。」朋友又問：「但是，他們的頭腦真的這麼簡單？」我回答：「他們其實知道藏人心中所想，但之所以讓藏人逐項交代，目的是威懾和羞辱。」

我在《鼠年雪獅吼——2008年西藏事件大事記》[1]這本書中記錄了當時，拉薩各個單位以及各學校、各居委會都要召開「揭批達賴分裂集團」的大會，人人要寫聲討書，還要在大會上宣讀聲討書。最讓藏人內心煎熬的是，必須點名指責達賴喇嘛，必須只能說「達

1.《鼠年雪獅吼——2008年西藏事件大事記》：臺灣允晨文化事業股份有限公司，二〇〇九年出版。

在藏區東部康地旅行時見到的宣傳牌。（拍攝於 2011 年 7 月，拍攝者 唯色）

賴」不能加上「喇嘛」，否則就是立場不堅定。

而多年前，我在西藏文聯就職時也經歷過類似的「過關」，為此寫下這樣的文字：

「人人生而自由……」，「人人有思想、良心和宗教自由的權利……」——這是半個世紀前向全世界宣布的《世界人權宣言》（*The Universal Declaration of Human Rights*）中，最震撼且慰藉人心的兩句話，但也是如同夢囈的兩句。尤其在今天的西藏，我們從不知道是否還有可能，擁有此兩句話所指，生而為人所被賦予的最基本權利。我們沒有這樣的權利。我們被迫聽聞最多的，如雷貫耳的，響徹晝夜的，都是不准，不准，不准，不准！

在這天下午，在我深掩於兵營似的單位宿舍裡，我打量著每一面牆壁，書櫃裡的每一格。那些曾經伴隨我生命中多少時光的物品：色彩沉鬱的唐卡，不算精緻的供燈，別人送的或我自己拍攝的西藏僧侶的照片，還有，那個小小的佛龕裡端坐著一尊泥塑的釋迦像，他頭頂蔚藍色的髮髻，神情如水卻透著一絲憂鬱，而這憂鬱分明是此時才顯現的。——這些，全部，對於我來說既是信仰的象徵，也充滿了藝術的美感，但此刻我都要把它們取下來，收起來，藏在一個不為人知的角落。因為他們已經明令禁止，不准在自己家裡擺放凡是與宗教有關的物品，絕對不准！

明天他們就將挨家挨戶地清查，對，就是這個字眼：清查！當我把這些唐卡和供燈，法像和佛龕，全部堆放在一個紙箱裡的時候，不禁深感羞恥。

這種「人人過關」大清查是中共慣例，自有一套程式。如一九八九年「六四」之後各地進行政治清洗，就體現在開會、表態、寫交代、寫鑒定並記入個人檔案的過程中。同樣對「法輪功」也是如此，凡承認修煉法輪功而不肯放棄的人很多被開除公職，關押勞改。

康地藏人告訴我，除了填表，當局還有許多活動，如唱「紅歌」、節日「感恩」、開展「憶苦思甜」[2]等等。甚至要求面對攝像機，大聲說出「反對達賴集團，感謝共產黨」。最羞辱人的是，每次這類活動，官員都會逼問所有人：「想不想要飯碗？」

2. 憶苦思甜：要求西藏人民回憶在「舊西藏」被壓迫、被剝削的痛苦，以感恩中共「解放」後帶來的甜蜜生活。為中共強制洗腦方式之一。

去印度學佛，在拉薩被「洗腦」

一想到分布在拉薩各處的「學習班」，一想到在學習班裡接受過「教育」以及還在接受「教育」的許多藏人，一想到他們被教育是因為年初去印度菩提迦耶[1]參加了尊者主持的時輪金剛灌頂法會，我的眼前便會出現其中幾位藏人的形象。他們都是我在拉薩時見過的長輩，普普通通的退休人員或居民，一心向佛卻飽受政治壓力的信徒。

那位不算年邁的先生多年前就離開了待遇優渥的單位，只是為了實現睡夢裡總是夢見袞敦[2]的願望。我讀過他的日記，其中有描寫他朝拜了頗章布達拉[3]之後的感受：「監視器比窗戶還多，當兵的比喇嘛還多，老鼠比菩薩還多。」而他至今還被關在「學習班」裡不能回家。

另一位體弱多病的嬤啦[4]，起初大家都不相信她能從拉薩抵達菩提迦耶，迢迢路途上的顛簸之苦，各種水土間的不適之苦，都很擔心她的身體是否經受得住。但她最大的願望就是要去聆聽尊者的法音，即便在那一時刻死去也是圓滿解脫。法會結束後，她精神煥發地回到拉薩，卻很快被關進了學習班，又很快被送進了醫院。聽說躺在病床上的嬤啦對家

1. 菩提迦耶：釋迦牟尼悟道成佛之處，為信仰佛教者心中的聖域。歷史記載，釋迦牟尼接受牧羊女奉獻的乳糜後，來到菩提迦耶的菩提樹下靜思，終於在第七天領悟解脫之道。
2. 袞敦：藏語，尊前，是對達賴喇嘛等修行高僧的尊稱。
3. 頗章：藏語，意指宮殿。
4. 嬤啦：藏語，意指老太太。

人說：「在『學習班』我甚至這麼哀求，我們都是快要死了的老人，就不必接受『洗腦』教育了吧。」說著淚如雨下。

「學習班」是一種具有專制特色的恐怖產物，與其相類似的，如「洗腦班」甚至「集中營」，正如《維基百科》所定義的：「通常人們很難清楚界定集中營的各種形式，但是它們有一個共同點就是：其中被關押者的人權都被忽視、被損害。」而當局給數千去印度朝聖的藏人開設的學習班，名義上是學習法制教育、愛國主義教育以及國家宗教政策等，卻如一位漢人律師所言：「都是沒有法律依據的拘押，是無法無天的行為。」

藏人都知道，藏地各地申請護照從來都很困難，二〇〇八年因為遍及全藏地的抗議事件[5]，當局甚至停辦護照。這兩年，如拉薩，當局對老人開恩，同意給六十歲以上申請護照的老人辦護照，所以這次去菩提迦耶參加法會的境內藏人以老人居多。可是當他們費盡辛苦才拿到護照，費盡辛苦才來到聖地，終於獲得了根本上師的加持，度過了幸福而短暫的光陰，卻沒想到會被「秋後算帳」。

學習班大概是於二月初開設，僅在拉薩就至少設了七八個點，分布在軍營、賓館或學校。在日喀則、澤當等地也設有學習班。被警察們陸陸續續地從家中關進學習班的，甚至有年過八旬的老人，也有中年人和年輕人。他們的身分各異，既有退休幹部，也有城鎮居民、城郊農民及商人。而學習時間分為兩個階段，在藏曆新年之後，凡六十五歲以上的非

5. 二〇〇八年全藏抗議：又稱三．一四事件。為紀念一九五九年藏人起義四十九週年，二〇〇八年三月十日拉薩僧人走上街頭和平請願，呼喊擁有宗教自由、西藏獨立，遭大批武警驅離逮捕。三月十四日演變為數千人的大規模抗暴，最後擴大成全藏多地的抗議事件。

黨員可以結束學習，凡是黨員以及六十五歲以下的非黨員，還需要繼續學習。

實際上這麼多藏人去印度參加法會才是真正的學習，是自覺自願、充滿精神喜悅的佛教學習。而回到藏地家裡就被關進學習班，名義上也是學習，卻是違背意願、遭受精神折磨的政治洗腦。幾位因為年邁、生病才得以離開學習班的老人心有餘悸地說，甚至讓他們觀看一九六〇年代的宣傳片《農奴》，然後一個個匯報心得體會，必須「憶苦思甜」、「感謝黨恩」，才算「過關」。而那些還留在學習班的藏人們，最近正在被訓練唱紅歌、跳紅舞，為的是在三月二十八日，黨給西藏人民強加的「百萬農奴解放紀念日」[6]這一天，向黨表態。

6. 百萬農奴解放紀念日：中國當局於三．一四事件後，於二〇〇九年訂定三月二十八日為「西藏百萬農奴解放紀念日」，官方宣稱此節日旨在紀念一九五九年，中共領導周恩來解散西藏噶廈政府，實施民主改革，自此西藏人民得以擺脫舊有封建，成為國家的主人。

為了「維穩」取消藏語教學

猶記得二〇一〇年十月十九日，在安多熱貢，數千名中學生和小學生走出校園，高高舉起的小黑板上用藏文寫著「我們需要藏語課」。隨後在安多許多地方，從青海藏區到甘肅藏區，不計其數的孩子們發起了捍衛母語的行動。甚至在北京的中央民族大學也有許多藏人學生為之呼籲。

猶記得當時有三百多位藏人教師聯名致信青海省委，他們堅定要求，藏人學生應以母語教學為主導教學語言，而不是實行「漢語為主、藏語為輔，以漢語為教學語言，並將漢語開設到學前」的措施。部分藏人退休幹部、老教育工作者也向統戰部、教育部等更高部門提交了類似意見的報告。

猶記得隨後青海省委書記表態「雙語教育」的改革要因地制宜、循序漸進，以此安撫人心。善良的藏人們認為，書記說話一言九鼎，總不會是緩兵之計。

可是還不到一年半，懸掛在藏語教育頭上的刀還是落了下來。二〇一二年三月，新學期開始之際，青海省和甘肅省的藏族學校或民族學校的孩子們發現，藏語專業教材被突然撤換，變成了漢語課本。也即是說，農牧民的孩子們的學校教育，已由之前的雙語教育變成了漢語教育，而這會造成什麼樣的後果呢？

三月三日，安多瑪曲藏族中學初三學生才讓吉，為抗議這一教育政策自焚犧牲。三月十四日以來，在安多熱貢、澤庫、剛察、同德等地的數千名中學生及師範學校的學生們走上街頭，喊出了「民族平等」、「語言平等」、「本土自主」的呼聲。

一位擔任教師工作的安多藏人在微博上如是坦言：「……即便撤換母語專業教材，相關的調研、相應的師資都要配足配齊，教育從來不是揠苗助長，教育也從來不是輸出政治意志的場域，在學生們還未熟練掌握漢語詞彙、片語與句式的轉換運用時，突然要讓學生在新的學期消化那麼多數理化專業課程的新鮮詞彙是非常困難的事情，與其費時費力還不如用它最親近的語言文字來熟悉有關課程，提高教學效率，這是教育教學的常識和規律，無關乎民族意識，更與那些宏大的認同意識無任何關聯，任何人、任何民族都不應該將母語問題政治化，這是人類文化生態的自然傳承，本然的東西無需輸進或輸出太多的意識形態，可還是有一些部門一些領導一再地將這個事情逼到意識形態的對立層面去處理。為什麼讓這些孩子一年又一年的為『母語』散步（上街和平請願），維穩維的永遠是大局，穩的自然也是民心，可我們連孩子們的心都穩不住的時候，我們還能為藏區的維穩事業做出什麼樣的貢獻？」

其實這個道理並不是某些官員不懂。之所以一再向藏語教育揮舞屠刀，其目的絕不僅僅是當局為實行文化統一，而非得把說各種語言的舌頭全都剪成說普通話的舌頭這麼簡單。從青海省關於教育改革的綱要中可以看到，這已被視為關乎藏區未來的「一項重大的政治任務」，顯然表明這是當局從二〇〇八年藏人抗議中反思的結果之一，是要將藏語文教育斬草除根，以圖維穩。

無論如何，今天這個時代已經不是幾百年前西班牙殖民者占領瑪雅人的土地，將瑪雅文字完全毀滅的時代。無論如何，今天這個時代也不是幾十年前的文化大革命，全藏地都被取消了藏語文教學，以至於我這樣的藏人失去母語的時代。就在今天，十九歲的女中學生才讓吉，為捍衛母語而把生命化作火焰，將再也不會熄滅。

在西藏偏遠西部，艱難學習的西藏孩童。（拍攝於 2002 年 6 月，拍攝者 唯色）

西新工程：「把敵人的聲音壓下去」

早在二〇〇〇年，當時的中國首腦江澤民指示：「把敵人的聲音壓下去，把黨和國家的聲音傳進千家萬戶」，於是特別針對西藏、新疆、內蒙古、寧夏等自治區以及其他所有藏區和一些少數民族地區，實施了大規模的廣播電視覆蓋工程——西新工程，到二〇一〇年，中國政府已向西新工程累計投入一百九十四·八億人民幣，巨額投入還在逐年增加。

「西新工程」被當局宣傳為「民生工程」、「惠民工程」，事實上，從網路上搜索相關資訊，可以看到在這些地區的各種會議上，都反覆強調「西新工程」是「最重要、最緊迫、最具有現實意義的政治任務」，有的官員說得更直截了當，稱「西新工程」就是「政治工程」。做為這個政治工程最重要的專案，是全面部署大功率發射機對國際傳媒進行干擾。比如在整個藏地，為妨礙藏人收聽、收看RFA和VOA[1]等國際涉藏媒體的廣播和電視節目，而專門建立的干擾站多達上千個，企圖在空中構築難以逾越的鋼牆鐵壁。

二〇〇八年遍及全藏地的抗議爆發之後，當局在方方面面進行封鎖和箝制，包括在寺院和民間沒收、銷毀地面衛星接收器。這是因為地面衛星接收器會送來「敵人的聲音」。

1. RFA和VOA：RFA為自由亞洲電臺（Radio Free Asia）的縮寫；VOA則為美國之音（Voice of America）的縮寫。

如二〇〇九年四、五月間，夏河縣當局就通知拉卜楞寺寺管會，要求寺院責令所有安裝衛星天線的僧人拆除地面衛星接收器，否則在檢查時一旦發現，或將罰以重款或將採取其他嚴厲措施，同時由夏河縣廣播電視局派人到僧舍、到民居安裝有線電視。

二〇〇九年三月，當局專門為藏地量身訂做特殊的地面衛星接收器，當作「西藏百萬農奴解放紀念日」的禮物，發放給從城鎮到農村、牧區的藏人家庭，讓藏人只能接收「黨和國家的聲音」。

二〇一一年，西藏自治區當局宣布要讓西藏所有寺院實現「九有」，即不但要有中共四代領導人的畫像和中國國旗，還要有廣播電視和報紙，當然那都是官方的

在西藏日喀則鄉村，一位農婦正試著操作黨的慰問品（為藏地量身訂做的地面衛星接收器）。（拍攝於 2010 年 4 月，拍攝者 唯色）

廣播節目和電視節目，以及《人民日報》、《西藏日報》等黨報。這意味著黨要用強迫藏人僧尼接受的蠻橫方式，來傳播「黨和國家的聲音」。

二〇一二年，據《西藏日報》等官媒報導，西藏許多寺院已經實現了「九有」。而在官媒記者拍攝的照片上，寺院僧侶不是擺出正在讀黨報的姿勢，就是捧著「領袖像」露出比哭還難看的笑容。

而西藏自治區黨委書記陳全國在二〇一二年二月的會議上著重提到了「西新工程」，指示要「發揮西藏實施網路、手機真實身分登記的優勢，完善互聯網資訊監管，構築空中、地面和網路反滲透防控體系，切實做到在全區一百二十萬平方公里的遼闊疆域上，黨中央的聲音形象聽得到、看得到，敵對勢力和達賴集團的聲音形象聽不到、看不到，確保意識形態和文化領域絕對安全。」而這個意思，即是要給藏人布下天羅地網。

尊者達賴喇嘛多次強調真相的重要，而這有賴於新聞的自由。但是，正如尊者所說，「不幸的是，在世界的某些地方，新聞普遍受到審查和扭曲」，而「嚴厲的新聞審查是不道德的。」企圖壟斷真相的專制政權總是想方設法地控制資訊、遮蔽真相。在爭奪資訊自由的戰爭中，象徵「民主利器」的國際傳媒的聲音才是傳達資訊與真相的重要管道。即便「西新工程」的干擾這麼強大，即便「九有」已被「送」進了藏地的寺院與家庭，也難以摧毀人們渴望瞭解事實、傳播真相的願望和努力。

龐大的、成本高的維穩隊伍

二〇一二年北京開「兩會」（中華人民共和國全國人民代表大會和中國人民政治協商會議），《南方週末》採訪了時任西藏自治區人大主任的向巴平措及主席白瑪赤林，在被問及村級工作組與維穩的關係時，向巴平措說：「二〇一二年整個自治區的五千多個行政村，都派了駐村工作組。……駐村幹部一年一換，三年之內，全區將有二萬多幹部駐村。」當然他補充說：「這個不完全是為了維穩，主要還是幫助他們發展經濟。」

說「不完全是為了維穩」這是假話。二〇一二年十月的總結報告稱：「西藏自治區各級駐村工作隊始終把維護社會穩定工作做為駐村工作的重要內容來抓」，為此建立了「縣、鄉、村、組、戶五級維穩資訊互通機制、安全防範機制、糾紛調處機制」，以「構建村村是堡壘、人人是哨兵的鄉村防控體系」。

具體來說，西藏自治區從二〇一一年十月起，由各個單位抽人組織五千四百五十三個駐村工作隊，覆蓋全區所有行政村；同時還向全區一千七百多座寺院下派駐寺工作組。僅那曲地區聶榮縣，一個不過三萬人的牧區，下派的就有八十六個駐村工作隊、六個駐寺工作組和十個駐鄉工作組。二〇一二年十二月，黨的漢藏官員們在布達拉宮廣場，向高舉紅旗、敲打鑼鼓的第二批駐村工作隊，發出了繼續維穩的指示。

摘錄當局的總結報告，可大概瞭解駐村工作隊一年來的維穩情況。如自治區駐山南地區各級駐村工作隊，「共組織召開揭批達賴集團專題會議三千八百六十六次，幫扶幫教重點人員一千八百五十六次，深入寺廟與僧尼談心談話一千八百八十次」，且「組建『護村隊』一千零八十個，建立健全維穩措施三千三百四十六項，編織嚴密的維穩防控網」。又如自治區駐昌都地區各級駐村工作隊，「組織召開揭批達賴專題會議七一〇七次，……開展重點人員幫扶八千三百六十九次，深入宗教場所三千兩百三十四次、與僧尼談心談話五千六百零八次，協助村居做好重點領域、人員管控工作一萬零九百七十一人次，妥善解決群眾上訪一千兩百七十九件、群體事件一千三百二十一件」。這些數以千計的數字顯然驚人。

除西藏自治區各單位向「六地一市」（即山南地區、日喀則地區、林芝地區、昌都地區、那曲地區、阿里地區和拉薩市）派駐村工作隊、駐寺工作組，公安部公安邊防總隊、武警西藏總隊、西藏公安消防總隊等軍警單位，也下派駐村工作隊、駐寺工作組，聯合維穩。除召開揭批會、與僧尼談話，更重要的一項其實是建立所謂的「民情檔案」，逐戶逐人，逐寺逐僧，人人都被記錄在冊，確實是實現了當局聲稱的「三無」，即「沒有盲區、沒有縫隙、沒有空白點」。也就是說，依靠國家機器，將藏人監控到了每一村、每一寺。

如此深入、持久的維穩，其成本之高是無法估算的。其他不論，每個駐村工作隊、駐寺工作組的成員，除工資、福利、財政補貼外，還兼得獎金和單位補助。為了讓他們在窮鄉僻壤待得住，不但猛給錢，還有將來升遷的許諾，以至於被藏人們戲謔「駐村一年即可買房或買車」，「駐村有來頭，維穩是口號，掙錢是目的」。雖然對於這些成員來說，上有政策下有對策，在建立了「民情檔案」之後，念報念檔成了工作常態，餘下的時光既百無聊賴也花絮多多。然而，對於各地村民和僧尼們來說，他們的存在即是最大的陰影。

在西藏自治區建立這一維穩模式的是二〇一一年調任區黨委書記的前河北省省長陳全國，而他在河北省就搞過一萬五千名的「幹部下鄉運動」，維穩同樣是其主要目的。媒體人北風曾在推特上評論：「河北派幹部駐村，這是維穩政治的顯性化，也說明統治及轉型進入最後比拚資源的階段。維穩政治再極端一些，就只剩軍管一途了……

昌都，五星紅旗插滿寺院與鄉村

西藏自治區一千七百多座寺院，每座寺院都有駐寺工作組，聽說北京計劃安排的是三千名工作人員駐寺，但實際上有七千多名工作人員駐寺。同時，西藏自治區五千四百多個行政村都派了駐村工作組，西藏官員對媒體稱「有二萬多幹部駐村」，不知道這個數字中是否包括駐寺的人數。

在昌都地區，駐寺工作組與駐村工作組為了貫徹落實西藏自治區的「九有」政策（即「有四位領袖像、有國旗、有道路、有水、有電、有廣播電視、有電影、有書屋、有報紙」），於二〇一一年底，要求昌都地區近五百座寺院的所有佛殿與每一間僧舍的屋頂，以及每一戶農牧民家的屋頂都要高掛五星紅旗，所有寺院的所有佛殿與每一間僧舍以及每一戶農牧民家庭都要掛中共領導人的畫像，而且必須給畫像獻哈達[1]，如果不掛哈達就是政治問題。農牧民家庭掛五星紅旗是要收費的，每面旗幟按品質收三元或六元，舊了換新旗也要收費，不過二〇一三年年沒有收費。駐寺工作組與駐村工作組還經常突訪僧舍與農家，進行檢查。

1. 哈達：絲質的長條布帶，是藏文化中重要的禮器。在謁見高僧或是尊貴者，獻者會將哈達高舉過頭呈上以表示尊重。日常生活中友人會面，藏人也會將哈達掛於對方的頸上或交於手中，做為表示友好的禮物。

如今，走到昌都地區這些寺院與鄉村，看到的不是經幡飄飄，而是一片片猩紅色的五星紅旗。但奇怪的是，如果有北京或其他漢地的官員來視察，工作組就會要求僧人與民眾暫時取下紅旗，等視察團一走，又必須重掛。最近，四川省的文化官員參觀名寺嘎瑪寺，寺院佛殿及僧舍的紅旗便提前暫時取下。

二〇一三年三月間，駐寺工作組與駐村工作組還挨家挨戶檢查，沒收僧人與村民用車或摩托車存留的汽油、柴油。如果需要買油，必須用身分證辦理加油卡，才能去加油站加油，否則不給加油。如果是其他藏區如四川、青海的藏人來買油，絕對不給加油。

同時，還要求所有藏人在一份文件上簽名、按手印，包括小孩子。宣布：「如果家中有人自焚，那麼家中有公職的人就會被開除，家中沒有公職的人就將全家人拘捕；一個村莊有人自焚，那麼該村的低保等所有福利就會全部被取消，全村人都會被拘留；一個寺院有人自焚，寺院會被關閉，僧侶會被審查。而為自焚者舉辦法會的寺院和僧人，都會以共犯『殺人罪』來處理。」

自二〇一二年起，昌都地區近五百座寺院的所有僧尼被規定不准外出，只能留在本寺；若有事外出，駐寺工作組只給三天時間；十五天之內，須所在鄉的鄉長和鄉書記批准；一個月之內，須所在縣的統戰部、國保隊等部門批准，而這個手續相當難辦。凡在規定期限內沒有按時返回，等於是對抗政府，將被嚴懲。據悉二〇一二年整個昌都縣沒有一位僧人能進拉薩，而今年，到目前也只有四位僧人得到進拉薩的許可證。

如果這座寺院或這個村的人，要去另一座寺院或另一個村，必須在到達後就去駐寺工作組或駐村工作組那裡報告、登記，否則一旦被查出，不但被驅逐還要受到懲罰。

如果是其他藏區如四川、青海的藏人，要進入昌都境內至少要有五份證明，除了身分證，還需要從村、鄉、派出所、公安局等出具的證明。而僧尼則會多一份證明：僧尼證。

昌都縣所有道路（除了通往機場道路和旅遊線路）都設了檢查站。僅從昌都縣到面達鄉，一百七十多公里就有三個大的檢查站和一個小檢查站。不准摩托車出入。當地村民或寺院的小車在經過其中一個名叫德當檢查站時要交費二百元，這應該是該檢查站自己的規定。大車也要收費，數額尚不知。凡是藏人經過檢查站一律被搜身檢查，還要仔細檢查行李和手機，如果手機裡存有尊者達賴喇嘛照片或崇敬、懷念達賴喇嘛的「禁歌」，會被當場拘留。

為何要送「領袖像」入寺入戶？

二〇一二年初起，西藏當局開始在寺院和鄉村實施「九有」工程，其中第一個「有」即「有四位領袖像」，包括毛澤東、鄧小平、江澤民和胡錦濤，在網路上曾激起很大反響，更多的是質疑和批評。民意認為這是嚴重破壞當地宗教信仰，學朝鮮走回頭路；研究者認為這只會消磨藏人的耐心，醞釀更大的反抗，積累更大的矛盾。

許多經歷過「文革」等政治運動的中國人，對強塞「領袖像」的行為抱有惡感。固然中國社會有大量毛粉存在，但也有相當多的人很厭惡毛，將毛稱為「蟊賊」或「臘肉」的不在少數。中共在西藏的官員並非不知情，而且，並非不明白在二十一世紀的今日，以行政手段強行要求民眾在佛殿、僧舍和家裡掛領袖像純屬笑話。這不單單是洗腦的問題。不單單是糊弄外界，製造西藏人民是多麼熱愛共產黨等類似假象的問題。沒有這麼簡單，也不應該被如此簡化。深究下去，會發現其中糾結著更強悍的用意和更長遠的圖謀，並透著一直以來的傲慢。

黨的宣傳員們或者研究西藏問題的智囊們絕非蠢貨，很有可能是從當年毛製造的精神原子彈的威力中吸取了經驗與教訓，認為繼續製造這種精神原子彈將重新對藏人生效，當然這並不只是裹著糖衣的炮彈，更重要的是具有殺傷力、可以製造流血和死亡的炮彈。當年，毛的精神原子彈就起到了威懾和迷惑的雙重作用，如今被他的接班人繼續用來對付今天的藏人。

「領袖像」便是其中的炮彈之一。其強悍的用意體現在企圖以領袖像來取代藏人供奉的佛像，以偽宗教信仰來取代真正的宗教信仰，他們可能認為某種情境置換而且是持久的情境置換會有效果。所以說，黨的那些思想劊子手們並非不顧一切地蠻幹，他們很清楚想要達到的目的是什麼，只不過表現出來的是一副被人詬病的蠢相。

然而，耐人尋味的是，為何他們一定會以為他們能達到目的？就因為當年毛時代一度取得的效果？繼續深究下去，會發現今日的他們與過去的他們相比較，沒有任何改變或進步。我想說的是，事實上他們從來都把藏人視為另一種物種，另一種遠低於他們、且未開化的物種。在他們的認識中，藏人無論對真的宗教有信仰，還是對偽宗教有信仰，都是一樣的迷信。當他們用偽宗教來取代真宗教，藏人只會順從而不會有異議，甚至會習慣，那將意味著黨的勝利。說穿了，他們從來都對藏人報以藐視實則很無知。

換句話說，之所以固執地只在西藏而不在北京、上海或者河南省、四川省搞這類送領袖像的名堂，是因為他們知道大多數中國人都是無信仰的人，除了物質和金錢才能吸引

拉薩市政府辦公樓高掛巨幅「領袖像」。（拍攝於 2013 年 10 月，拍攝者 唯色）

之。領袖像能吃能喝嗎？除非印著中彩票的號碼，才不會被扔掉。

領袖像無外乎是偽宗教的替代品，從當年解放軍進入西藏後到處張掛毛澤東像朱德像，到如今的四領袖像不久將是五領袖像，還隱含著這樣一層含義：你們是被我們解放的，是我們給了你們新生，因此你們必須要在言行舉止方面，做出感恩戴德、效忠服從的姿勢。

從領袖像的強行派送，到接受者在非自願接受時臉上擠出的笑比哭還難看，必須吐出的感激之語更是證明了權力者的霸道，甚至連包括房屋內部的布置都被列入了黨的管理許可權，領袖像不但要放置在房間的中心，以構成「四領袖像神龕」，黨的幹部們還要經常來檢查。如果有誰不掛或掛得不好，那這就成了不滿的證據。

然而，領袖像居高臨下地掛在佛殿、僧舍及每一戶家庭，如巨大的陰影籠罩著每個人的生活。你抬頭或轉身都能看見他們被修飾得如同超人的臉。你即便佯裝看不見，也無法掙脫這個感覺：「老大哥在看著你。」[1]從一個老大哥，到四個或五個老大哥，人數上的增加彷彿是某種控制力的成倍增加，所有的僧俗藏人怎能喘得過氣來？

而拉薩城裡的政府辦公樓上更是高掛著巨幅「領袖像」，在夜色中被強烈的燈光照亮，似乎在宣示黨的超人們連黑夜也有權去制服。

1. 老大哥在看著你：本句出自英國作家．喬治．歐威爾（George Orwell）的著作《一九八四》（*1984*）。故事背景為一高度極權社會，老大哥在看著你（BIG BROTHER IS WATCHING YOU），是故事內容中到處張貼的標語，人們活在無所不在的監視器之下，從行動到思想，無一不受嚴密的監控。

一首西藏歌曲在中國引起的風波

正如無數中國人從不知道西藏有國旗，直至二〇〇八年始於拉薩、遍及全藏的抗議中，穿袈裟和穿藏袍的藏人們舉著自己手繪的「雪山獅子旗」，以及北京奧運火炬全球傳遞中，支持西藏的各國人士高舉「雪山獅子旗」，這才使繪著兩頭威嚴無畏的綠鬃雄獅高舉象徵「佛、法、僧」三寶的如意之寶的旗幟漸為人所知。實際上，無數中國人同樣不知道西藏還有國歌，更不知道其旋律與歌詞是什麼樣的。

所以，近日發生在中國網路上的事頗讓強悍的中共黨國羞惱。《美國之音》二〇一三年十一月六日報導：「中國官方網站《中國西藏之聲網》開通不久，上網的民眾意外發現網站首頁音樂影片的配樂是被禁止的西藏國歌Gyallu（佛光），也就是現在的西藏流亡政府國歌。」

我在已經從《中國西藏之聲網》上被刪除、但被網友提前一步轉發到黨國無法刪除的YouTube網站上看到了這個視頻，叫做〈暴走青春光影流動的西藏——李背包杜小胖環球視頻〉，這種旅遊視頻拍得不怎麼樣，但視頻開頭安排的配曲正是流亡藏人孩童演唱的西藏國歌（注：YouTube上該視頻配曲已被破壞）。

實際上，大概兩個月前，西藏衛視播放了一個關於西藏當代藝術家的專題節目，最後的配樂也是這首由達蘭薩拉童聲合唱的西藏國歌，最後一句是「……願西藏佛法和眾生的正義之光，戰勝邪惡的黑暗」。當時我在拉薩，聽到時很是震驚。不過我曾聽說西藏衛視的一些欄目是包給北京等地的公司去做的，而這些公司的工作人員想必無人瞭解西藏國歌是什麼樣的。而西藏國歌的旋律，有介紹說是基於西藏古老的聖樂作品譜成，當然優美古雅動聽，吸引一無所知的外人是很自然的。

不過我沒有在網上披露西藏衛視播放西藏國歌的事，否則關注我的網路活動的國保們可能會找這些無知者的麻煩。記得多年前西藏電視臺播放有關尼泊爾的旅遊節目，其中有個鏡頭拍的是街頭的餐館，但餐館裡掛著一面西藏國旗，鏡頭在旗幟上停了片刻。由於當時是藏曆新年，西藏電視臺的值班人員回家過節，疏忽了審查節目，被領導認為出了重大的政治事故，差點開除了值班人員。

顯然這首童聲合唱的西藏國歌不止一次出現在中國媒體上。十一月二十二日，一位網友在推特上發推說：「因為Waterbone（水骨樂團）的一首歌〈A Child's Prayer〉（一個孩子的祈禱），據說是反共歌曲。今天朝陽分局到公司來找領導談話，說要停運整頓，並寫出整改報告和內部懲罰計劃。這幫土匪，跟黑社會來了一樣，不可一世，流氓氣質盡顯……」推友還貼出了北京市公安局朝陽分局網路安全保衛大隊，給予《多米音樂網》法定代表人以「警告」的「當場處罰決定書」。而這首更名為〈A Child's Prayer〉的西藏國歌，會出現在《一聽音樂網》上，依然是就音樂而言，西藏國歌具有很高的藝術價值，以至於一而再地發生了中共眼中的重大政治事故。

推特上有網友評價西藏國歌「優美而富有尊嚴，絕無某些國歌的殺氣騰騰，博日（藏民族）美麗的土地配得上這樣的溫煦國歌，博嘉樂（西藏必勝）」。當然我們都明白，這殺氣騰騰的某些國歌是哪國的。

據藏人作家嘉央諾布在〈獨立的西藏——一些事實〉（Independent Tibet – The Facts）文中介紹：「老的圖伯特國歌〈雪山拱衛之地〉（Gangri Rawae），是由圖伯特（世俗）領袖頗羅鼐（Miwong Pholanas）作於一七四五年。在拉薩的官方慶典的結尾或戲劇演出的開始都會演唱這首歌。圖伯特政府流亡印度之後，採用了一首更加現代的國歌〈四海和福〉（Sishe Pende）。作詞者是達賴喇嘛的經師赤江仁波切（Trichang Rimpoche），他是公認的繼承圖伯特古典詩歌（nyengak）傳統的偉大詩人。」

享受特權的「行走日光城」

不知這群中國影視明星是否讀過《華盛頓雜誌》（*Washington Monthly*）的最新文章〈圖伯特被迪士尼化——旅遊是如何成為占領工具的〉（The Disneyfication of Tibet）。不過即便讀過，他們也一定不會認為自己就是記者筆下的進藏遊客——「做為用軍隊威脅僧侶的替代，政府現在是以成群結隊的霸道遊客窒息藏人。」因為明星們相信自己很崇高，去拉薩等藏地所做的都是關涉「心靈修行」的「心靈項目」。

二〇一三年十二月，一群中國影視明星率一千五百餘人，浩浩蕩蕩地，從宗角祿康公園出發，途經布達拉宮、拉魯濕地、大昭寺等地，最終在布達拉宮廣場收尾，美其名曰「行走的力量——行走日光城」，被中國媒體熱炒。領頭的當紅明星陳坤說：「我們推廣的是一種精神和態度：在人生道路上不管遇到什麼狀態，都要享受輕鬆。」

不少藏人網友為此在新浪微博上熱議：「如果在拉薩我們十個人以上這樣走一圈，會是什麼情況呢？」「會出動特警、武警」。「如果藏族一百五十人一起去了，怎麼對待呢？」「不是說當地六人以上的聚眾非法嗎？查查他們的身分證，先拘留一個月再說，待遇真的沒法比！」其實不只是今天，記得一九九八年藏曆新年期間，兩三百個來自鄉間和寺院的男女藏人沿傳統朝聖路線繞拉薩全城磕長頭時，便被當局阻止，當時我跟隨著這些朝聖者，用相機記錄了這少有的、短暫的壯觀情景。

而在陳坤等明星「行走日光城」時，青海安多藏人、電影導演松太加恰好於同一天飛抵拉薩，但他費了一番周折才被允許進入，為此他在微博上感歎身為藏人的不易，並發了張手執「西藏自治區居住證」與住指定旅館「提示卡」的照片。這正是二〇一三年六月三十日以後，當局針對所謂「四省藏區（即青海省、甘肅省、四川省、雲南省藏區）來拉人員」制定的新措施，即在進入拉薩各檢查站時登記檢查，並將身分證換成在拉薩期間使用的證件。不過松太加的這條微博和圖片很快被刪除。

有人問，何以陳坤等一干明星在拉薩擁有如此不同於藏人的特權？其實道理很簡單。這就類似於當年英國殖民印度時，在風景優美的地方建度假村、俱樂部，讓英國人盡情享受殖民者的特權。一月十五日被新疆與北京警察逮捕的中央民族大學教授、維吾爾學者伊力哈木對此評論：「差別化的民族政策，大民族的優先權。」

實際上「行走日光城」是政府行為。據中國官媒報導，在新聞發布會上，拉薩市委副書記、宣傳部長馬新明任命陳坤為「拉薩歷史上首位城市形象大使」，還為其頒發證書獻哈達，這本身就很荒唐。之後，一群官員宣布「啟動心靈公益項目——行走的力量」，彷彿他們個個變成了心靈高尚人士。而報導介紹的「由當地幹部群眾及學生代表及媒體等組成的一千五百人左右的隊伍……」顯然經過挑選與甄別，所以參與「行走」的選手們都戴著黃色袖標，且有便衣警察清場，街上車輛都暫停等候，這樣的「心靈專案」是多麼具有所謂的「中國特色、西藏特點」啊。

讓人好奇的是，這些中國明星以一種類似於軍隊行進的方式，大踏步地並排穿過拉薩街頭時，會不會意識到自己是在走過怎樣的一片交織著歷史與現實的風景？更遠的時代不必提，回溯六十多年前發生的翻天覆地之變，正如尊者達賴喇嘛所言：「你的家、你的朋友和你的祖國倏忽全失……」

沒有比「行走日光城」更能凸顯今日拉薩某種殘酷卻又諷刺的現狀了。這些中國當紅影視明星不但假借西藏宗教的「心靈修行」來粉飾個人形象，更是幫助當局美化其作惡的「西藏政策」，掩蓋發生於西藏各處，實質上壓迫心靈修行的真相，反而從另一個方面凸顯了西藏依然「種族隔離」的真實現狀。

轉山朝聖年，藏人被禁足

這世界上有座山非同一般，是藏傳佛教、印度教、本教和耆那教共同信奉的聖地，被認為是世界的中心。藏語稱它是岡仁波齊，梵語稱它是Mt.Kailash，佛陀讚譽它是「精神之極地」。它遠在圖伯特傳統地理所說的「上阿里三圍」，是岡底斯山脈的主峰，海拔六六五六米，為西藏所有神山之首。

對神山的朝聖方式是轉山。佛教密宗認為，岡仁波齊及其轉經路自然形成為一個宇宙曼陀羅，朝聖者的環行相當於舉行供奉曼陀羅的儀式。印度教認為環行等於對大自在天曼陀羅的修持。並且，佛教徒認為岡仁波齊與佛陀釋迦牟尼有著同為馬的屬相，所以馬年是神山岡仁波齊的本位年，每逢馬年必去轉山不可。

二〇一四年是藏曆木馬年；值此之際，不計其數的宗教信眾渴望依循傳統，朝聖神聖的岡仁波齊。傳統中，最佳的朝聖時間為藏曆四月，即佛月「薩嘎達瓦」[1]；藏曆四月十五日，將在岡仁波齊腳下舉行極其隆重的升掛經幡的儀式，此處也是整個轉山路線的起點與終點。

1. 薩嘎達瓦：藏語氐宿月的意思，相傳釋迦牟尼降生、成佛、涅槃，皆在這個月份，因此每年藏曆四月（即西曆五月到六月間），藏人都會舉行盛大的法會，轉經、轉山，不論僧俗均齋戒禮佛，是重要的宗教節慶，也是藏人傳統的民俗節日。

但是，前往包括岡仁波齊在內的諸多藏地需要辦理邊境通行證。做為藏人，辦理邊防證向來是非常困難，這些年更是一年比一年難。二〇一三年就有傳言說當局禁止藏人馬年朝聖岡仁波齊，藏人都不願相信真會被阻攔，然而二〇一四年年初起，拉薩各單位都在大會小會上打招呼，提醒公務員不能去轉岡仁波齊，也不要讓家人去轉山，否則會被處罰。最近獲知又有一系列嚴苛規定，如西藏當局要求所有工作人員九月以前不得請假，否則予以開除；各縣要求藏人僧俗在「薩嘎達瓦」（西曆五月二十九日至六月二十七日）期間以及七月不得離開本地……等等。

四月底，新浪微博上，從事及去西藏旅遊的網友都在轉發據稱是西藏邊防管理局的通知：「從二〇一四年四月二十四日零時起，西藏自治區不對外辦理去阿里的邊防證，請各位朋友在戶籍所在地公安分（縣）局戶籍接待室申請辦理。」對此，網友說：「基本上等同於在拉薩無法辦理前往阿里地區的邊防證」，這其實也就是說，在拉薩的藏人無法辦到去阿里的邊防證，就等同於無法去轉神山岡仁波齊了。

有藏人網友說：「可是四省藏區的，在本地就根本辦不到邊境通行證。」有漢人遊客披露：「目前已限制所有外籍遊客和藏族同胞進入阿里地區！我們真的很幸運……」「輾轉託了很多關係，一個藏族朋友的邊防證最終還是沒有辦下來，據說是因為有個文件要求不給任何藏族人辦邊防證。也就是說，除了神山附近區域的藏民，沒人能合法合規地去轉

我在朝聖岡仁波齊時遇見的藏人朝聖者。（拍攝於 2002 年 7 月 3 日，拍攝者 唯色）

山……」甚至，「藏族導遊不准進阿里！」

從事西藏旅遊的網友在微博上告訴遊客如何辦理邊防證：「把身分證寄回戶籍所在地辦吧，要是戶籍是西藏的就沒辦法了」「今年管控比較嚴，提前在內地辦好吧。」有漢地遊客慶幸地說：「這裡到處辦不了，還好我在廣州辦了。」還有遊客透露：「估計嚴控到八月底。」「也有可能今年都嚴控。」

顯然，有關限制辦理前往阿里地區的邊防證的規定，是衝著今年馬年依傳統朝聖岡仁波齊神山的藏人來的。藏人網友說：「此舉無非就是限制前往朝拜神山的同時，實際阻止前往七月三日達賴喇嘛在拉達克舉行的『時輪金剛大灌頂』法會。」是的，尊者達賴喇嘛於七月一日抵達與阿里接壤的印度北部拉達克地區，在三日到十四日這段時間，舉行第三十三屆時輪金剛灌頂大法會。而上一次的時輪法會是兩年前在佛教聖地菩提迦耶舉行的，從境內各藏地前去的藏人信眾約有上萬，但返回家鄉後都被「秋後算帳」，在當局特設的類似於集中營的「學習班」遭精神折磨，且護照被沒收。

而四月底有匿名者拍攝於岡仁波齊山腳下的照片顯示，已經有大批軍車、警車，以及各種軍警聚合，正如遊客所說：「轉山路上都有兵哥哥和檢查站。」最近傳來的消息則指出，岡仁波齊神山已經變成維穩重點區域。

這也使得原本回家就很困難的境外藏人更無朝聖轉山的可能。一位在統戰部工作的藏人提醒境外藏人：「今年回來探親的同胞在申請簽證時，理由只填寫探親，不要填寫去轉山，因為國外中國使館沒有開具邊防證的權力，這只能成為你被拒簽的理由。西藏已停止對當地藏人辦理邊防證，藏胞必須經過藏胞辦往上申請，是否拿到目前是未知數。」

我認識一位旅居瑞士多年的流亡藏人，年過六旬的他身體不好，但因早就許下一生三次朝聖岡仁波齊的心願，所以他渴望在六月十三日（即藏曆四月十五日）時轉山，即便是命絕於轉山路上也視作是最大的解脫。他的家人也都做好了輔助他完成心願的準備，可是，他能如願以償嗎？

想起二〇〇二年，我有過朝聖岡仁波齊神山的轉山之行，用近二十小時走完五十多公里的轉山路。當岡仁波齊那奇妙的山形兀然顯現之時，恰如目睹一個具象化的佛教象徵——曼陀羅。我在微博上留言：「太傷心了。十二年前，我在朝聖岡仁波齊並轉了一圈時許願：『下一個十二年來臨時一定要轉第二圈。』看來我的心願難以實現，真的很傷心。」

為什麼要力推「民族通婚」？

「民族通婚是西藏開展反對分裂鬥爭的堅強保障，要……積極鼓勵民族通婚，要……制定出臺（頒布）鼓勵各民族通婚的優惠政策。」這是二〇一四年六月，在民族通婚家庭座談會上，中共西藏自治區黨委書記陳全國的一段演說，在中國官媒上發表後令外界譁然，被嘲諷為「反分裂靠通婚」。

如今已非殖民主義可以堂而皇之橫行世界的時代，連習近平都要辯解對非洲並沒有實行「新殖民主義」，而是「朝著互利共贏和平等發展的方向邁進」。但陳全國的所謂以民族通婚來反分裂這番言論，散發著歷史上血腥而冷酷的各種殖民主義者的陳腐氣味。

比如令許多中國人恨之入骨的日本，在二十世紀前後對亞洲數個國家的侵略、占領和殖民，種種手段包括以「通婚」、「特別教育」來強力同化原住民。被認為是「原住民史詩巨作」的臺灣電影《賽德克．巴萊》中即有涉及，而在相關事件的紀實著作《風中緋櫻》中記錄更為完整，這樣寫道：「日本殖民臺灣初期制定《理蕃五年計劃》，其中一個政策是獎勵在臺灣原住民各部落駐紮的警察，與原住民部落的頭目之女締結婚姻，『藉由婚姻的締結，消弭族人的抗日意識，並由『操縱蕃婦』獲得部落內之情報，達到控制的目的』，這種婚姻叫做『和蕃』，執行日人『招撫』與『教化』的任務。」

回顧人類歷史可以瞭解到，一個個老牌殖民者如西班牙、葡萄牙、英國、法國等等在入侵美洲、澳洲時，均無一例外地鼓勵本國移民與原住民通婚，認為這是一個簡單易行的同化手段，可以穩定殖民者的殖民統治地位。美國《獨立宣言》（*Declaration of Independence*）的起草者、第三任總統湯瑪斯．傑弗遜（Thomes Jefferson）認為種族通婚和融合是從生理結構上改造印第安人的一個重要手段，從而「開化」印第安人，逐漸消除「野蠻人」和「文明人」的差異，充滿了殖民者的優越感及種族歧視，實際是對原住民的資源、土地等進行掠奪的行為合理化。

而在中國文化中，早在兩千多年前，就有一句話刻在自己的史書當中：「非我族類，其心必異。」因此，「小異和之，中異警之，大異伐之，異吾以危，斷然滅之！」也即是說，對於諸多懷有「異心」的異族，除非被「和」，即一勞永逸地被融合、同化，否則不是被「伐」，就是被「滅」。而這個過程，用中共的說法，過去叫做「解放」，今天叫做「維穩」，或者「反分裂」。

以「通婚」的方式來實現所謂的「民族融合」，這在藏中關係的歷史上並不陌生。被中共官方評價極高，且被一大群國家主義者吹捧為「清末治藏第一能臣」、「有所作為的封疆大吏」的趙爾豐，對於藏人是不共戴天的「趙屠夫」，他推行「改土歸流」的同化政策，血腥屠殺各地藏人的同時，力遷移民定居藏地，為使移民擔負起「同化」、「融合」藏人的任務，制定諸多優惠政策以促漢藏通婚。甚至專門頒發了《漢蠻聯婚通飭》，鼓勵營漢人官兵與藏人婦女婚配，對婚配者「由公家每月發給青稞一斗，生兒育女者，一人一斗為津貼。有願隨營開墾者，所得之地，係為己有。三年後，除納餉糧之外，免去一切雜差」等等。

有意思的是，二十一世紀的今天，中共統治西藏的官員公開表示要「在上學、就業、入黨、參軍、創業扶持、評優創先等方面給予政策傾斜，切實調動各族人民通婚的積極性」，顯然是當年的趙屠夫之翻版。要實現「民族通婚」，自然需要除藏人原住民之外的異族移民來配合，實際上是鼓勵漢人移民，用移民的方式來沖淡、淡化民族問題、民族矛盾。民族之間的婚姻本應該是自然而然、你情我願的事情，可如果被強權者利用、力推，以種種「優惠政策」做為誘餌，甚至聽說拉薩有些單位開始給民族通婚者發獎金，這背後的名堂就意味深長了。

實在佩服中共治藏官員毫不加掩飾地袒露出殖民者的真實面目，這在毛澤東時代連毛本人都不會如此自毀形象，毛更樂意展示的是共產主義者宣稱的那種「人類大同」、「沒有差別」的美好形象，而不是臭名昭著的殖民者以「通婚」來同化「番人」、「蠻子」的那種惡劣形象。

不過說起來黨也挺不容易的，殖民了西藏半個多世紀，竟還沒有辦法徹底解決藏民族，只好又退回到他們一向鄙夷的封建社會，去向老牌殖民者討教或「和」或「警」或「伐」之辦法，包括用「通婚」來改變西藏的語言、民俗、宗教、信仰甚至民族結構，以這種陳舊的殖民方式來強行輸入中國的價值觀，從而一統為陳書記所宣揚的那種一元化的價值標準。

國際母語日談「維穩」與藏語

二月二十一日是國際母語日。中文維基百科介紹：國際母語日（又譯世界母語日）定為每年的二月二十一日，由聯合國教科文組織於一九九九年提出倡議，從兩千年起，每年的二月二十一日為「世界母語日」。目標是向全球宣傳保護語言的重要，促進母語傳播的運動，避免地球上大部分的語言消失。

每年的國際母語日都有其歷史主題，如二〇一二年是「母語教學和全納教育」；二〇一三年是「書籍，母語教育的媒介」；二〇一四年是「當地語言促進世界公民意識：聚焦科學」；而二〇一五年的歷史主題是「以語言為手段和內容的全納教育——語言至關重要」。顯而易見，強調的是母語的教育。因為沒有教育，母語便會消失。

我注意到在微信上，年輕的藏人們在轉發分別用藏文和中文寫的一篇短文：〈寫在國際母語日：維穩與母語〉。作者是年輕的藏人知識分子、安多熱貢人索南旺傑。他首先介紹了中國官媒發表題為〈國際母語日：進一步推廣語言保護意識〉的專題文章，其中提到「保護民族語言，有利於人類文明的傳承和發展，也有利於民族團結、社會安定」，接著，他直言不諱地寫道：

「反照目前藏區基層的母語保護實踐，特別是青海黃南等藏族自治州，在民間層面發起的保護活動均被認為是『借母語保護之名義而行藏獨活動之實』，是否果真在借名義搞活動，或者組建母語保護協會是否純粹出自民眾的文化自覺與對語言命運的憂慮，這已然不是相關單位關心的事宜。截至目前，所有民間發起的母語保護活動均被視為非法，相關組織人員先後被拘留、處罰、問詢，『母語』結結實實地成為當地的敏感詞，大街小巷都貼有「帶有藏獨性質的十六種違法行為」的告示，這其中就將『母語保護、語言平等』的民間籲告列入違法行為，但告示中並未寫明判定這十六種行為為違法行為的法理依據。」

做為體制內人士，索南旺傑向中國政府苦口婆心地強調：「毋庸置疑，維穩維的是民心，抗擊『藏獨』或『分裂勢力』，歸根結柢是一個爭取民心的鬥爭。就語言而言，它是一個民族存在的家，黨委政府如若重視語言權利，必然是為防止『分裂勢力』的滲透鑄造了一道堅固的牆。……維穩既要穩民心，就必得因勢利導，才能疏川導滯，以維護民心來維護社會穩定，因此，落實和尊重民族語言的憲法賜予的莊嚴法權，去『母語』問題的政治化，不僅與少數民族一道保護她們的母語，更加為少數民族語言文字的發展創造條件，不但是一個現代國家法定的責任，也是最有效保障民心的策略。」

不過對於一個極權專制政權來說：只有去少數民族的「母語」，才是真正的「維穩」。

「農奴解放紀念日」與「凌遲」

受二〇〇八年三月由拉薩蔓延全藏地許多地方抗議的刺激，中國政府於二〇〇九年特別設立所謂「西藏百萬農奴解放紀念日」，定於三月二十八日（而一九五九年的此日，中共宣布解散達賴喇嘛領導的西藏政府），每次隆重慶賀，高分貝宣傳「舊西藏」如何「最反動、最黑暗、最殘酷、最野蠻」，而「新西藏」多麼幸福。在這種「新舊對比」的噪音中，我翻開了這本學術譯著——《殺千刀：中西視野下的凌遲處死》（*Death by A Thousand Cuts*）（原著哈佛大學出版社二〇〇八年出版）。

凌遲是中國具有悠久傳統的酷刑，雖然該詞來自古籍裡悠閒爬山、山勢漸緩的描述。在《史記》與《漢書》中都記載的有「五刑」，為秦朝時有名的法家與丞相李斯所發明，即公開示眾的在受刑者臉上刺字，再割其鼻子，砍其雙足，施以宮刑，最後腰斬並斬首、或斷舌及剁成肉醬。李斯本人在西元前二〇八年極具諷刺地受此刑而死。《殺千刀》評論：「倘若說凌遲是中華帝國法律上最嚴酷的刑罰，那麼它也是大眾印象中最嚴酷的刑罰。」不過它認為：「凌遲最早出現在十世紀和十一世紀的遼代和宋朝……登峰造極的凌遲出現在明朝」，「清律兩百餘年凌遲了上千人。」似乎著述此書的學者們遺漏了凌遲這一酷刑上溯至秦朝的事實。

《殺千刀》的三位作者（卜正民（Timothy Brook）、鞏濤（Jérôme Bourgon）、格力高利・布魯（Gree Gregory brou））都是國際知名漢學家、歷史學者，不知道他們有沒有注意到西藏歷史上第一次出現凌遲，是一七二七年滿清雍正皇帝趁藏亂派往拉薩的第一任駐藏大臣[1]僧格，連同實施凌遲酷刑所需的刀具與劊子手，一同帶去的。彼時，駐藏大臣與西藏攝政王頗羅鼐合作，在布達拉宮前的修赤林卡（法座園林）以凌遲之刑緩慢處死兩位謀殺同僚的重臣，令拉薩民眾從上至下備受精神折磨，在西藏歷史上留下深刻印記。

在西藏著名傳記《頗羅鼐傳》中，記錄了第一次目睹凌遲酷刑的頗羅鼐如何遭受心理創傷，餘生為之懺悔，並在大昭寺供金燈為死者禱。不清楚西藏歷史上曾有過多少次凌遲，據藏人作家嘉央諾布在〈從黑暗到黎明：從清朝到獨立的圖伯特刑罰〉一文中所寫：「哈佛大學最近出版的一本對凌遲的研究裡（即《殺千刀：中西視野下的凌遲處死》一書原著），作者們提到凌遲之刑在圖伯特東部，一直到一九一〇年都還在執行，由趙爾豐所下令。康區藏人說到中國兵『會讓人慢慢死亡，把身體一次一小片割下，直到心臟，而生命終了為止。』作者們認為『此刑可能被當成軍事緊急措施，而受到批准。』」另外，據記載，一九一八年中華民國時，也對反抗的康藏人用過凌遲、剝皮、烹刑、車裂等酷刑。

1. 駐藏大臣：滿語稱為「安班」，即「大人」之意。清代派駐蒙古、青海、西藏、新疆等地的軍政大臣，代表清帝行使權利，又稱駐紮大臣，全名為「欽差駐藏辦事大臣」。

有意思的是，由歷史上一三八位駐藏大臣從中國帶去的若干外來刑具——除了凌遲用的刀具，還有木枷，藏語稱gya-go，意為「中國門」；還有拶指，即夾手指的刑具；有些刑具甚至沒有藏語稱呼。雖然這些刑具在西藏本土極少使用，日後卻成了中共誇張揭批「舊西藏」如何殘酷的「證據」。甚至時不時就會陳設在北京的「民族文化宮」，展示給中國民眾看「舊西藏」的殘酷、野蠻與原始，如網上有中國人說：「六、七〇年代，北京民族文化宮常年展覽控訴西藏奴隸主的罪惡行徑，人皮、頭骨、各種刑具全是實物。」事實上至今還常有這樣的洗腦展覽。

凌遲既是滿清法律中最為殘酷的律例，也是滿清從中國文化繼承下來的傳統。從某種意義來說，是帝制中國威權之象徵，有如今日拉薩街頭的裝甲車、藏人屋頂上的狙擊手，也具有這樣的象徵意義。而「農奴解放紀念日」對「舊西藏」的各種妖魔化宣傳，就差把凌遲酷刑說成是「舊西藏」原創了。

記得幾年前在北京宋莊美術館看到臺灣藝術家陳界仁的作品，是用電腦合成影像的方式來處理歷史影像，其中的《本生土》再現的正是一九〇五年北京菜市口的某次凌遲場景，被法國人拍攝下來並被製成明信片，引發西方對「中國酷刑」的興趣及研究。特別之處在於，不但遭凌遲者的頭顱被複製，藝術家還把自己的影像放進旁觀者之中。

我當時有感於陳界仁的這幅作品而寫下：

凌遲這種酷刑，是誰的發明？
在鬧市街頭，光天化日之下
行刑者把受刑者切成碎片
卻又不准他過快死掉
給他餵食鴉片
讓他恍恍惚惚
再一刀一刀剜割他的肉體
甚至要割千刀以上
受刑之人，什麼樣的罪過
既不准他活，也求死不得？
因為吞食了鴉片
莫大的痛苦也變得麻木
可能還有點飄飄然
聞訊奔來的人們擁擠著
爭相觀看這奇觀
擊掌叫好，陶醉其中

或者嚇得睜隻眼閉隻眼
惟有執刀的行刑者一絲不苟
沉浸在劊子手的快感中……
這也是被凌遲的西藏
被凌遲的中國
被凌遲的這個世上的你、我、他

被置於護照困境的藏人

前些日子，《南華早報》（*South China Morning Post*）的記者從香港打電話問我：「藏族作家白瑪娜珍在微博上說藏族的私人護照被全民沒收上交三年了，有這回事嗎？」

其實這是一個對我、對所有藏人來說，不成問題的問題。因為，事實即如此，現實即如此。可是，不單單外媒記者不瞭解，新浪微博上那些經常進藏旅遊的大V們[1]，也扮吃驚狀問：「有這事？」對於許多中國人，藏人得不到護照或者護照被沒收、扣押，都是聞所未聞的事情。

做為西藏作家協會副主席的白瑪娜珍，這次算是捅破了一層窗戶紙。她在體制內有一定地位的身分，顯然佐證了她的發言。二〇一五年二月二十四日，她在新浪微博上寫道：「我們藏族為什麼不能出國旅遊？我們的私人護照為什麼被全民沒收上交已有三年了，為什麼還不發還我們？西藏地方政府的這種行為是違反國家憲法的，執法機關為什麼不管？全中國人民都可以出國旅遊，藏族人民為什麼不可以?!請大家幫助我們呼籲！並祝新年快樂！扎西德勒（吉祥如意）！」

1. 大V：指活躍於微博並擁有粉絲眾多的公眾人物。

我告訴《南華早報》記者，首先，按中國行政區劃，藏區分布於五省區（即青海省、四川省、甘肅省、雲南省和西藏自治區），各藏區政策雖有所不同，但在申請辦理護照方面，藏人基本上都得不到。當然也有得到護照的藏人，卻是極少數，且用了很多辦法的。而這些辦法，對於申請護照就像網購一樣輕鬆的許多中國人而言，稱得上是匪夷所思的潛規則。

早在二〇〇六年，我寫過一篇文章：〈藏人為何捨命逃印度？〉。那年九月三十日，在緊挨珠穆朗瑪峰的囊帕拉山口，發生了中國邊防軍槍殺越境藏人的血腥事件。一片抗議聲中也有人不解，質問藏人為何非得以冒險的方式「偷渡」，而不是通過辦理護照的正常管道平安過境？

我理解這些人對於西藏真相的無知，耐心解釋說：「普通藏人要辦護照比登天還難。層層部門的關卡，繁瑣的手續，沒完沒了的盤查，甚至還要請客送禮。一年半載才給護照已經很走運，更有可能是不給護照。不管是在單位上班的藏人還是沒有單位的居民都不好辦，至於穿袈裟的僧尼更難辦。既然這麼困難，藏人們若想去朝聖、探親或學習，就只有冒著生命危險翻越喜馬拉雅雪山，不但要忍受一路的飢寒交迫，還要忍受各色人等的敲詐勒索，光是金錢就要損失數千上萬。更可怕的是不但半途可能被抓住，關進監獄，甚至還會付出流血捨命的代價。相信誰都明白，如果能夠像中國的其他國民那麼容易地辦護照，藏人又何必如此自討苦吃？說到底，在這個國家，藏人得不到大多數中國國民應該享有的基本權利。」

早在二〇〇八年，我還寫過一篇文章：〈護照製造的悲劇〉。當時，安多果洛東日寺的夏里活佛因持假護照出境，在香港事發，被捕入獄，遭羈押兩月。海外媒體稱，他由於政治原因無法在青海取得護照，為了籌款給當地貧苦孩子興建學校以及維修寺院，只好採用偽造的護照。而所謂的政治原因，只是與他曾去印度拜見尊者達賴喇嘛有關。另有兩位拉薩居民，身患絕症的丈夫費盡辛苦才得到護照，為的是在臨終前去看望在印度為僧的兒子，妻子卻無論如何得不到護照。丈夫只有做出痛苦的選擇，要麼臨死見不到兒子，要麼從此與妻子永別。最終，他獨自去了印度。而留在拉薩的妻子天天去護照部門乞求，仍然毫無希望，數月後等來了丈夫病故的消息。

與護照相關的傷心故事很多，這些年更是數不勝數。白瑪娜珍在微博中提及的私人護照於三年前被沒收上交，實際上與二〇一二年一月尊者達賴喇嘛在印度舉辦時輪金剛灌頂法會有關，當時約有上萬境內藏人前去參加法會，雖然絕大多數是老人，卻也令中國當局非常惱怒。二〇一二年四月，西藏自治區當局頒布新的護照審批辦法，審批程序之複雜、之嚴苛，幾乎無人能過關。

從RFA（自由亞洲電臺）二〇一三年一月二十日披露的西藏自治區相關文件——

《關於進一步加強我區護照受理審批簽發管理工作的意見》可知，申請護照的藏人要將申請遞交給居住地的地方政府官員，經過村、鄉（區）、縣的各級審核，最終送到西藏自治區公安局。即便通過了漫長的審核過程，申請人還被要求簽署一份文件，保證在出國之後不會從事任何「非法活動」和「危害國家」的行為。即使最終拿到護照並出國旅行，但必須在返回之後的七天內將護照送交有關當局，同時接受警方的詢問……等等。而原本擁有護照的藏人，哪怕沒有到期，還是要將護照上交，並且要接受調查和甄別。雖然當局保證會換發新的護照，但三年來並沒有這麼做，也因此西藏作協副主席白瑪娜珍會問：「為什麼還不發還我們？」

二〇一二年去印度聽聞尊者法會的藏人，返回藏地後都被關進了名為「學習班」的集中營，上至八十多歲，下至年輕人，受盡精神折磨不說，護照都被沒收。沒有去印度聽聞法會的藏人也不能倖免。有的藏人不肯交出護照，以為拖延一段時間可以蒙混過去，但我所知道的就有藏人，或者在北京的國際機場，或者在昆明機場，打算過境去旅行或進貨，卻被當場沒收護照。有藏人獲得去美國讀書的獎學金，有藏人想出國讀博士，若有護照，這些好機會都能把握住，可是沒有護照，只得痛苦放棄，遺憾終生。

我在拉薩的一個畫家朋友，不願交出護照，他的單位天天打電話催促，他急了，說再讓我交護照，我就自焚。單位不再打電話，但是警察上門了。他跟我說，他想做個作品，去醫院開刀從身上取塊骨頭，在骨頭上刻下他的護照號碼，再放回身體，這樣到死都沒人能拿走。不過他後來還是交出了護照，而且也沒有開刀取骨頭。一位只想做點生意的藏人跟我說，中國天天講「中國夢」，我的「中國夢」就是護照。

白瑪娜珍的那條微博已經消失了。據說是被舉報，被扣帽子說「造謠」、「挑撥民族仇恨」，而且「遭中國人民眾志成城嚴正怒斥」了。而她本人，會不會因為揭露了關於藏人無緣護照這一公開的祕密，就被「喝茶」或者警告呢？聽說她只是出於想讓兒子出國留學才發聲的，且前提是懷著對中國的國家認同才要求公民權利的，應該沒有任何受到不合理對待的理由。

而我想補充的是，在中國，實際上陷入護照困境的，除了藏人，還有維吾爾人。

IV

༄། དག་ཞིང་གི་རྒྱལ་ཕྱོགས།།

火焰中的「薩嘎達瓦」

兩位在拉薩打工的年輕安多藏人浴火、三個孩子的母親日玖在安多壤塘自焚，而官方媒體的新聞報導再一次如是炮製〈西藏薩嘎達瓦節迎最高峰 上萬信眾轉經禮佛〉，就彷彿，一切都未發生，藏人是最幸福的民族。

「自由的光芒來照亮這希望的大地」

二〇一二年三月二十六日那天，又傳來一位藏人自焚的消息。是離開道孚老家、流亡印度已數年的年輕康巴[1]江白益西，當初與父母別離時，他才二十歲。他是在新德里自焚的，當時有數百位流亡藏人正在抗議即將訪問印度的中國首腦胡錦濤，所以有多張記錄自焚現場的照片傳遍世界。有報導稱已經犧牲的江白益西是「人權火炬」，用全身的火焰照亮了現實世界的黑暗。

當晚很晚，我收到一封郵件。雖然沒見過寫信的人，但他的名字讓我想起多年前，也就是二〇〇八年四月，鑒於許多藏人因三月的抗議被捕，有二十多位中國律師在網上公開簽名，表示願意為被捕藏人依法提供代理、辯護等法律服務。因為這個聲明，這些律師都被當局嚴厲警告，不准介入藏地、藏人案件，有的律師甚至被取消律師資格。而當時簽名的律師中，有一位正是給我寫信的人。

讀了他的信後，我想轉給自由亞洲藏語節目去廣播，因為這會有許多藏人能聽到。而我也希望有很多漢人能看到。信是這樣寫的：

1. 康巴：住在東部康區的藏人，藏語稱康巴。

「我是唐荊陵[2]，是一個網友，一個為爭取自由和公民權利而失去律師執照的大陸律師，還致力於通過公民不合作運動來推動中國的民主與自由事業。我一直十分關注藏地的事情，在過去的一年多裡，三十多位純潔、無畏、虔誠的藏族兒女為了爭取自由和尊嚴，獻出了他們寶貴的生命！我和朋友們時時談到這事。我不能不說，在我自己微薄的歷史知識中，這是人類歷史上未曾有過的偉大犧牲！三月二十四日晚，我和一些朋友再次談到此事，以致夜不能寐，我起來寫了一首詩，要獻給這些偉大的殉道者以及藏族人民。

「在這樣的犧牲者面前，我深感慚愧，這些淺白的文字當然無以附麗他們壯美的生命，但是我不能壓抑自己心靈的呼聲。

「我還有個請求，如果您願意，我十分期待可以將我給您的信和這首小詩翻譯為藏文，公開呈獻給正為自由而戰的藏族人民以及其他與藏族人民一同奮鬥的所有人們。」

唐荊陵律師隨信寄來的詩，題為〈三十顆流星劃過〉：

黑雲瀰漫高原雪域
大地無聲，萬物俱寂
看啦，當生命如火炬燃起
流星劃過天際
三十顆純潔高貴的心靈

2 唐荊陵：一九七一年出生於中國湖北省，律師，基督徒。積極投身於中國維權運動，透過非暴力行動來維護中國人權與公民自由權。二〇一四年五月十六日「涉嫌尋釁滋事」被刑事拘留。二〇一四年六月二十一日被以「涉嫌煽動顛覆國家政權」罪正式拘捕。二〇一五年六月十九日，唐荊陵等三人被控「煽動顛覆國家政權」案在廣州市中級人民法院開審，之後兩度開審但未判。二〇一六年一月二十九日被判處五年有期徒刑。

獻上自己為祭
在自由的祭壇裡
被地獄之火炙烤乾涸的大地
麻木中沉淪的靈魂啊，你的救贖在哪裡？
看啦，當生命如火炬燃起
流星劃過天際
三十顆純潔高貴的心靈
獻上自己為祭
在自由的祭壇裡
枯乾的眼中是否還有淚滴？
緊鎖的喉頭爆發最後的歎息
看啦，當生命如火炬燃起
流星劃過天際
三十顆純潔高貴的心靈
獻上自己為祭
在自由的祭壇裡

流星劃過天際
刺破暗夜的死寂
自由的光芒來照亮這希望的大地

在此，我要感謝唐荊陵律師的來信和他獻給自焚藏人的詩。儘管我們知道，像他這樣的中國人並不多。就像有網友在推特上說：「藏人自焚對於很多漢族人來說真的很陌生，很多人認為真實性不高，這其中甚至包括一些思想開放的人，我的一位同學就持此類觀點。這種現象的產生除了中共的資訊封鎖，更大的原因，我覺得，在於洗腦教育的成果，多年的教育讓人形成了一種思維慣性，也讓人認為中共不可能如此喪心病狂。」

現實是可悲的，所以這封信與這首詩才有著特別的意義，讓人對未來尚存希望。

火焰中的「薩嘎達瓦」

在「薩嘎達瓦」來臨之前，拉薩以及整個藏地的氣氛已比往日更加緊張。事實上，無論是本土的、傳統的節日，還是外來的、強加的節日，用時下流行的話來說，一概都是敏感日。

除了敏感日，還有敏感月，比如三月就是敏感月，因為從一九五九年起，這幾十年來，總有許多大事發生在三月。當然，長達一個月的「薩嘎達瓦」（為紀念釋迦牟尼降生、成佛、圓寂，每到藏曆四月藏人會有一連串的宗教慶祝活動。）也屬於敏感月，成千上萬的藏人以信仰者的虔誠履行佛事，這是物質至上的無信仰者完全匱乏的精神，所以無信仰者並不樂意見到。

果然，《西藏日報》在「薩嘎達瓦」的第二天，就赫然登出了西藏自治區紀委監察廳的通知，並說明此通知於「日前發出」，顯然在「薩嘎達瓦」之前就已經公布。這份通知將「薩嘎達瓦」與「反分裂鬥爭」聯繫起來，要求「在反分裂鬥爭上絕不能有任何動搖」，「確保『薩嘎達瓦』宗教活動期間全區大事不出、中事不出、力爭小事也不出」，這種戰事話語使得原本具有宗教意義的節日立刻瀰漫了火藥味。

看上去，通知是針對這些人的：黨員幹部、退休黨員幹部、共產黨員、國家公職人員、學生，以及共產黨員的家屬和周圍人員等等。實際上涉及的範圍是廣泛的，言辭則是充滿威脅的，短短一個通知，「不參加」或「不得參加」薩嘎達瓦等宗教活動」就出現了三次，甚至明確表明，「一經發現，將嚴肅處理本人並追究所在單位主要領導的責任。」

耐人尋味的是，通知幾次斥責被其警告的黨員幹部、退休黨員幹部、不但「追隨達賴」、「甚至公開追隨達賴」、「出境朝拜達賴」，表示要「依法嚴肅處理」。這可能是當局在其媒體上首次公開承認達賴喇嘛對於藏人的向心力，即便是體制內的、有官職的藏人，不但有「追隨」之心，還有「追隨」的行動，這其實意味著「反分裂鬥爭」人心盡失，以至於當局不管不顧地公然違背自己制定的一國之憲法，而在媒體上公開發出禁止宗教活動的指令。

這讓我重又回顧了二〇〇九年寫的一篇文章：〈今年「薩嘎達瓦」的真相〉。不回顧不會察覺我們生活其中的現實是多麼荒謬，而被剝奪者的反抗又是多麼勇敢，當時儘管媒體上沒有公開發出禁令，但通過開會傳達等方式，「禁令囊括各階層，雖是老調重彈，然而其中包含的恫嚇和恐懼，惟有藏人自己明瞭。」然而就在藏曆四月十五日那天，以康巴為主的兩百多名藏人朝著布達拉宮發出「拉嘉洛（神必勝）」的呼喊，其中有些藏人因此身陷囹圄。

而在二〇一二年「薩嘎達瓦」的第六天，在神聖的大昭寺與負有鎮壓職能的八廓街派出所之間，在即是轉經道也是商業街還是旅遊景點，因此荷槍實彈的軍警高度密布的帕廓，兩位年輕的、在拉薩打工的安多藏人浴火自焚，一人犧牲，一人受傷而不明，這實際上是對今日圖伯特的真實狀況付出生命代價的揭露，令有良心的人們哀痛不已，也令作惡者瘋狂報復。

緊接著，「薩嘎達瓦」的第七天，傳來了三個孩子的母親日玖在安多壤塘自焚犧牲的慘痛消息……然而，數日後，發自官方媒體的新聞報導再一次如是炮製：〈西藏薩嘎達瓦節迎最高峰 上萬信眾轉經禮佛〉，就彷彿一切都未發生，藏人「幸福感最強」。

二〇一二：心臟的骨頭

在西藏的歷史上，尤其在西藏的當代史上，可能從來沒有哪一年，正如二〇一二年，是遍及城鎮與鄉村的藏人以身浴火、焚身明志的一年。這一年，正如外媒所描述的——「西藏在燃燒」，從一月至十二月，有八十五位藏人前赴後繼地自焚，其中包括八十四位境內藏人，一位從境內流亡印度的藏人。

事實上，這一年的每個月都有焚身的火焰燃起。尤以十一月最多，二十八位男女老少，不只僧尼，多為牧民。其次是三月，十一人中六人是僧人，還有中學生及孩子的父母。為何在這兩個月達到高峰？套句當下中國流行的說法，是因為正值「敏感月」。

確切地說，三月是西藏歷史上的「敏感月」，如三月五日是一九八九年拉薩抗議被鎮壓紀念日，三月十日是一九五九年「西藏起義紀念日」，三月十四日是二〇〇八年西藏抗議週年日，三月十六日是二〇〇八年阿壩縣抗議民眾被槍殺紀念日，三月二十八日是二〇〇九年中國政府所定的「百萬農奴解放紀念日」。這數十年來，每年三月都是占領者如臨大敵、被占領者抗爭不止的「敏感月」。

而十一月則與中共十八大（中國共產黨第十八次全國代表大會）的召開有關。就在十八大召開的前一天、當天以及七天會議期間，在藏地每天都有藏人自焚，甚至達到一日自焚人數高達九人之多的密集程度。這充分說明藏人的自焚表達的是一種政治抗議。中共的官媒噤舌卻避而不談十八大，反咬說是與流亡西藏於九月在達蘭薩拉召開的「第二次特別大會」有關，以此構陷藏人連續自焚屬「達賴集團策劃煽動」。

並且，中共的西藏高官在十八大的記者會上，面不改色地說：「人們說西藏正在燃燒，我說西藏沒有燃燒。……西藏發生過的一起自焚是典型的輸入型。」這是遮蔽事實且玩弄文字遊戲的狡猾說法，將「西藏」這個事實上囊括安多、衛藏與康等所有藏區的地理名詞，限定於範圍大大縮小的「西藏自治區」，意思是，在其他藏區發生的自焚都不算數；即便有那麼多自焚發生，但跟我西藏自治區無關。可是，即便是在西藏自治區境內，事實上發生了七起自焚，其中五位藏人屬昌都縣、當雄縣、比如縣人，全是農民與牧民。

有一首爭取自由的英文歌曲流傳多年，卻也是「西藏在燃燒」的寫照。其中唱到：「你可以吹滅蠟燭，但你吹不滅大火；火焰一旦燃起，風將吹它更高。」

但對於我來說，迄今九十七位境內藏人自焚的地方：阿壩縣、瑪律康縣、若爾蓋縣、壤塘縣、道孚縣、甘孜縣、康定縣、色達縣、拉薩、昌都縣、當雄縣、那曲縣、比如縣、達日縣、班瑪縣、同仁縣、尖扎縣、澤庫縣、玉樹縣、稱多縣、天峻縣、循化縣、合作市、夏河縣、瑪曲縣、碌曲縣，我只有三四個地方沒去過，去過的每個地方都有熟悉的朋友，即便不認識，但有一見就感覺親切的父老鄉親，所以深感痛苦。而我唯一能做的，是把每一位自焚者都記錄下來，銘刻不忘。

而這一年，有太多的事發生，比如有多位藏人作家因撰文揭示被鎮壓真相而被捕、被判刑或失蹤，他們是格桑次成（夏河縣人）、崗吉・志巴加（色達縣人）、達娃多吉（比如縣人）、次仁諾布（白玉縣人）等。還有多位民間藝人因表達藏人心聲而被捕、被判刑或失蹤，他們是曲貢（江達縣人）、阿達（理塘縣人）、吾堅丹增（囊謙縣人）、洛洛（玉樹縣人）、普爾雄（紅原縣人）、確薩爾（比如縣人）、蘇赤・西日布（河南縣人）等。更有許多在各藏地有影響力的高僧、僧人和尼師被捕、失蹤，他們是夏河縣拉卜楞寺的喇嘛久美、喇嘛果洛久美，昌都縣嘎瑪寺的堪布洛珠繞色、堪布朗色索朗，甘孜縣尼師其美以及拉薩哲蚌寺多位僧人。而這份名單，其實可以很長、很長。

西藏有句隱喻：「心臟的骨頭」（སྙིང་རུས།），比喻忠貞不渝，堅實強韌。以上所提及的藏人兒女，全都是雪域高原的「心臟的骨頭」，劫難中的西藏因此而在。

滅火器與「種族隔離」

如今出現在拉薩老城的一個特別的景觀是，滿街巡邏的軍警都背上了紅色滅火器。這與二〇一二年五月二十七日，兩位藏人在大昭寺與八廓街派出所之間自焚有關。事實上，在二〇〇九年阿壩僧人扎白自焚之後，駐紮藏地的軍警就已經配備了滅火器。隨著全藏地自焚人數的上升，五人一組的巡邏軍警中，甚至兩人背著滅火器。

這是不是表示當局慈悲心大發，隨時準備滅火救人？恰恰相反，這倒成了莫大諷刺。如果藏地現實真的如其煌煌所言，實現了「歷史上從未有過的幸福」，又怎會有這麼多藏人前仆後繼地以身浴火呢？所以滅火器充斥拉薩的景象並不是當局樂意讓人見到的。很顯然，它表達了這樣的含義：一邊毫不手軟地點火，一邊擺出滅火的姿勢。甚而是背著滅火器在點火。

兩位原籍為安多的藏人在拉薩的自焚是件大事，而當局更有理由驅逐拉薩以外的藏人了。事實上，驅逐外地藏人的做法，當局早就在進行。二〇〇八年三月因為驅逐在拉薩三大寺學經的安多與康的僧人，引發當年三月十日到十四日的抗議；並蔓延至全藏地。之後，當局不但繼續禁止其他藏區的僧人到拉薩學習，對俗人平民也控制嚴格。

而現在，正如一位藏人在推特上所說：「安多藏人不管以前居住了多少年，有拉薩暫住證的或做生意的，統統不能在拉薩居住。除非有原住地公安局、縣政府的擔保證（極難辦）。居住地每天有公安盤查，很多人已經被趕走。」

在拉薩旅遊的漢人遊客也在推特上透露：「某社區黑板上寫，四省藏區，必須有身分證、暫住證、縣公安局證明、勞動合同、外出就業許可、擔保書（如沒有，必須有政府或者辦事處的擔保），否則一律遣返原籍。」「大的來說，劃地為牢，分而治之。小小的老城已然有了『猶太區』的味道。」

與其說拉薩狀況類似於納粹時的「猶太人隔離區」，可能更類似於南非在二十世紀時設置的「種族隔離區」。

一位藏人在新浪微博上說：「在拉薩市裡沒有辦理暫住證的多康藏人，全部都要離開，不能住在拉薩，而漢族以及別的民族沒有暫住證卻可以居住，這是什麼政策？」難道這不是「種族隔離」的做法嗎？

另一位藏人在新浪微博上說：「藏族人士即日起入住拉薩各酒店均需通知就近派出所，警察需當面登記詢問，五星級酒店也不例外，我正在等警察。對於藏族來說，西藏真是一個最不方便的地方了！真諷刺！」

一位漢人遊客也在推特上說：「今兒去大昭寺，過安檢的時候，藏族需要登記，漢族直接通過，當我剛準備通過的時候，被武警拉出來，非要我登記！我說我是漢族，死活不信，非要看身分證，哭。」

從這些親歷者的敘述可見，是不是「藏」或「漢」才是檢查身分證的目的。只要是「藏」，那麼在拉薩就會很不方便，而只要是「漢」，拉薩便成了好玩的遊樂園。這從「藏」與「漢」跟軍警之間的關係亦可看出，藏人避之不及，滿懷厭憎；而漢人覺得安全，甚至可以被武警邀請到巡邏車上兜風，甚至與維穩軍警一起吃火鍋喝酒一起去歌廳跳舞。

「藏」或「漢」的分別，甚至體現在拉薩的城市地理方面。基本上，拉薩的東邊和西邊成了藏人聚居中心和漢人聚居中心的代名詞，不但從建築、商業、語言等方面有顯著區別，尤其是軍警的分布程度之疏密、人們所擁有的權利遭損害的程度，都有巨大差異。

早在一九七〇年代，聯合國安理會就南非惡劣狀況通過一項決議稱：「種族隔離政策是『對人類良心與尊嚴的罪行』。」然而，面對整個藏地的狀況，面對藏地首府——拉薩的狀況，這個世界是不是忘記了曾對實行種族隔離的國家與政府所進行的抵制呢？

而當局以種族隔離的方式排查、清洗藏人，就能杜絕藏人的自焚抗議嗎？事實上，二〇一二年三月三十日在阿壩州瑪律康縣自焚的僧人曲美巴旦，曾於二〇一一年到拉薩朝聖，卻因手機中保存有尊者達賴喇嘛的法相，被軍警拘押了一個多月。

拉薩：新的「種族隔離區」

拉薩終於淪為了「種族隔離區」。

除了在寺院、在老城區、在布達拉宮周圍布置安檢門，同時從空港、從鐵路、從公路層層設防，非拉薩本地的藏人如果沒有諸多證件和證明，「除非插翅，否則不可能進入拉薩，」這是一位去拉薩旅行的漢人作家寫的。

這一切與二〇一二年五月二十七日，兩位原籍為安多的藏人在拉薩自焚有關，當局於是在整個拉薩轟轟烈烈地「盤查」、「清洗」藏人，不但包括籍貫為甘肅省、青海省、四川省、雲南省藏區的藏人，也包括西藏自治區昌都、那曲、山南、日喀則、阿里、林芝等地區的藏人。

即便是拉薩所轄七縣（當雄、堆龍德慶、曲水、墨竹工卡、達孜、尼木和林周縣）的藏人，儘管已在拉薩生活多年，有房子、有職業、有孩子在上學等等，也必須速去辦理暫住證。如果辦不到暫住證，就得返回原籍。七縣並不算是拉薩本地。

總之，凡拉薩本地之外的藏人，如要進入或住在拉薩，必須辦理諸多手續，否則將被拘押並被遣返原籍。據悉普通人進入拉薩必須五證俱全，包括：一、身分證；二、戶口本；三、原籍所在地的居委會或鄉村的介紹信；四、原籍縣公安部門出具的無犯罪紀錄擔保書；五、原籍縣公安部門出具的進藏許可證明；如果是僧尼，必須要有僧尼證。其中除了身分證和僧尼證，要辦每一種證明都比登天還難。如果要住在拉薩，以上證明都齊全之後，還需要：一、拉薩暫住證；二、所住旅館或房東的相關證件影本和擔保書。

但若不是藏人，則可以坐飛機、坐火車、開汽車、騎自行車甚至徒步去拉薩。當然，中國之外的任何一國的遊客已經被婉言拒絕入藏。在微博上搜索「拉薩」，撲面而來的盡是從中國各地喜氣洋洋去拉薩玩樂的遊客。有一條被稱為「勵志犬」的小狗最火，因為牠從半路上跟著騎自行車的漢人遊客到了拉薩。為此有藏人在微博上辛酸地說：「『拉薩歡迎你』，但拉薩不歡迎藏人。」

事實上，帕廓及老城已經淪為一個淒厲的奇觀。那些興致勃勃的漢人遊客是來觀賞奇觀的，就像是地震之後的災區被闢為旅遊區，變態的遊客要來「災區一遊」。而密布的軍警是這個奇觀中的主角之一，扮演的是屠夫或者監獄看守的角色，而藏人呢？無論是默默地磕頭的信徒，還是把自己關在大昭寺中的僧侶，這樣的默默的關閉，既是一種隱而不宣的抗爭，也是莫大的悲哀。

還有藏人在微博上講述了自己家人的遭遇：「十九歲的藏族侄子和三位漢族同學相約

從青藏線進入拉薩的十多個檢查站之一，位於當雄羊八井。（拍攝於 2012 年 8 月，拍攝者 唯色）

青藏線騎行，在即將到拉薩的當雄縣烏瑪鄉，同學放行，他因藏族被阻。要縣級以上單位開證明才能入拉薩。為此事打電話找人諮詢，才知道拉薩打工、做生意、探親的許多外地藏族人，都需要各種證明、擔保。否則限期全部遣送回原籍。以民族劃分的防恐措施，人少好辦，人多呢？」

這很容易讓人聯想到二戰時，納粹對猶太人實行的「排猶」政策。事實上拉薩已經被藏人們諷稱為「納粹統治下的猶太隔離區」了。當年納粹「排猶」，而今中共「排藏」，歷史的重複讓年輕藏人在微博上的這句話廣為流傳：「就像在胸前佩戴六芒星的猶太人說的那樣：『我們手無寸鐵，偌大的世界，卻沒有人為我們挺身而出。』」

許多年來，非拉薩本地的藏人是拉薩社會結構中無論文化、經濟、宗教等方面相當重要的組成部分。安多、康區、羌塘、前藏、後藏的商人在拉薩經營，僧侶們也來拉薩朝聖並依照傳統在三大寺學習。傳統上，拉薩從來都被各地藏人視為西藏的中心，是所有藏人心嚮往之的聖地，卻在今天變成了「排藏」之地。

目前在拉薩的這種「排藏」規模大到何種程度是我們無法想像的。但可以肯定的是，將會使整個社會異常凋敝。由此帶來的巨大空缺將由誰來填補？就在拉薩發生自焚後的第三天，西藏的官方媒體公布了當局將從中國各地吸引高校畢業生進藏的優惠政策，而這一切意味著什麼，已不言而喻。

「護城河」與「種族隔離」

與許多藏人一樣，我們都以為種族隔離這種事情離我們遙遠，只會在七十年前的納粹時代、二十年前的南非國家發生，只會跟以色列針對巴勒斯坦人封鎖加薩（Gaza Strip）地帶一樣。與許多藏人一樣，我們都沒有想到，我們會在二十一世紀的今天經歷這可怕的種族隔離。

二〇一二年五月二十七日，兩位在拉薩藏餐館打工的安多藏人在大昭寺前自焚之後，拉薩市公安局給各縣公安局下發「緊急通知」，稱「自五月二十九日起，對進入拉薩的『四大藏區』（四川籍、青海籍、甘肅籍、雲南籍）人員除應具備的相關身分證明外，需憑當地縣公安局開具的證明放行」，「對未持有當地縣公安局開具證明的人員一律勸返。」而各級公安檢查站被合稱為「護城河」，正如「緊急通知」上所說的「『護城河』一、二級檢查站」。

護城河屬中國古代城市建築特色，為了防禦外敵入侵，由人工開挖壕溝，引水注入，形成人工河做為城牆的屏障。當然不只是中國專有，其他國家在古代也開鑿護城河，歐洲不少城堡在護城河上還建有可升起的木橋，以方便出入，亦可防止敵人進入。總之，護城河是一種軍事防禦工事。

而今天，進入拉薩的重重檢查站被形容為「護城河」，所防禦的並不是以漢人為主體的中國人，事實上，他們僅憑身分證就可順利進入拉薩。正如「緊急通知」所提醒的，「護城河」要防禦的是「四大藏區」的藏人，而「護城河」的裡邊則是「四大藏區」的藏人進不去的拉薩。這古為今用的「護城河」猶如狹長的加薩地帶，成為種族隔離區的代名詞，即便是不瞭解西藏局勢的人，也會由「護城河」的說法聞到空氣中的火藥味。

與古代護城河不同的是，今天以拉薩為中心而設置的「護城河」包括了從公路、鐵路、空港的所有檢查站。前不久，一位從極其邊緣的木里地區（今位於四川省涼山彝族自治州內）去拉薩朝佛的僧人在貢嘎機場被機場派出所扣留，要求他出具當地公安局、民宗委以及寺院的證明，但當這些單位同意給僧人出具證明時，機場派出所卻拒絕接收由傳真發來的證明，堅持驅逐僧人。在被扣留機場三天之後，這位僧人不得不買機票抱憾離去。

但形成鮮明對比的卻是，如微博上有藏人說他的侄子與幾位漢人同學騎自行車去拉薩，在當雄縣烏瑪鄉被攔，漢人同學輕鬆放行，這位藏人青年卻歷經了搬朋友、找擔保、開證明、過安檢等若干麻煩，才膽戰心驚地進入拉薩，驚魂未定地待了幾天。這樣一種以民族劃分的維穩措施，對一方優待卻對另一方如臨大敵，不但是一種變相的種族隔離政

1. 不過洛薩：洛薩為藏曆新年，自二〇〇八年全藏抗議事件，藏人遭鎮壓，二〇〇九年不論境內外的藏人，為表達與被害同胞休戚與共之決心，拒絕歡度新年，改以靜默的方式紀念犧牲者。

2. 罷耕：即放棄種田。二〇〇九年，為紀念在二〇〇八年三月的抗議中遇難的族人，全藏多個鄉村的農民採取「罷耕」的方式，與不過「洛薩」一樣，屬於「非暴力不合作」，都是民間百姓自願放棄個人生活中最為重要的一件事，以自我受損來表達抗議。

3. 我是藏人：二〇〇九年底，在中國視頻網站《土豆網》出現了名為「*I Am Tibetan*」的影片，並轉至 YouTube 和

策，也是造成族群對立、族群分裂的催化劑。

自述「為了對抗種族隔離，一生中有近三十年時間是在獄中度過」的南非政治犯艾哈邁德·卡特拉達（Ahmed Kathrada），在演講中說過：「……根據種族分派、剝奪民眾權利，為與統治者有共同基因的新來者而毀壞已在當地生活、工作幾百年的人們的家園，……未經審判即行關押，只給占人口多數的人極少幾塊土地，……我不知道這不是種族隔離還是什麼。」

他還說了一句更重要的話：「我們還要說，如果你繼續種族隔離，而我們無法阻止你，至少，我們在投資、經濟、文化和政治領域不支持你。」儘管就藏人的現實而言，在這些領域的不合作相當困難，但這幾年在民間一直都有類似「不過洛薩」[1]、「罷耕」[2]、「我是藏人」[3]以及「拉嘎」[4]等本質上為不合作的行動。

Vimeo，被全世界的藏人通過facebook傳播並效仿。影片中，眾多土生土長的藏人，用植根於本土的口音宣布「我是藏人」，並用短短一兩句話解釋自己為何是藏人，被評價為「來自西藏本土最強大有力、最富有創意的影像之一」，且在網路上掀起表述身為藏人、圖伯特認同的浪潮。

4. 拉嘎：Lhakar，意為星期三，本意為神聖的、潔白的，是對尊者達賴喇嘛誕生之日的讚美，但已被認為是意義深遠的「西藏日」，以講純正藏語、穿傳統藏裝、吃傳統藏食為形式，實質上是屬於本土的、非暴力不合作的有效方式，以此凝聚藏人的身分認同與民族精神，已經在境內外的藏人中盛行開來。

紀念焚身抗議五週年的扎白

在傳統上以牧業為主的阿壩藏區，一簇特殊的火焰對整個西藏高原的影響歷久彌深。那是二〇〇九年二月二十七日，正值西藏新年第三天，二十四歲的阿壩僧人扎白走出寺院，當街自焚，成為西藏境內自焚運動的第一人。

那年的新年，全藏各地多數藏人是以靜默紀念的方式度過的，一句口號暗中流傳——「不過新年」。事實上，二〇一四年的新年依然痛苦不寧。由於近代歷史上強力推行的各種同化，西藏約一半地區既過西藏曆算的新年，也過中國曆算的新年，但中國新年剛剛結束，就有兩位藏人接踵自焚，這必然導致即將來臨的西藏新年戒備森嚴。

而那年的「不過新年」與三月遍及全藏地的抗議和中國政府的鎮壓有關。有四人被判死刑，逾千藏人遭扣押，無數人迄今下落不明。扎白的家鄉——在扎白之後多達三十五位藏人自焚的阿壩，僅二〇〇八年三月十六日這天，因當局強迫在著名的格爾登寺大經堂頂懸掛中國國旗，引發數千僧侶與民眾抗議遊行，結果有二十多人在軍警屠殺中命喪街頭，包括孕婦、五歲的孩子和十六歲的女中學生。

我訪問過經歷當時抗議與鎮壓的阿壩僧人，他們回憶：

「遇難者的遺體送到格爾登寺大經堂前，由僧眾修法超度亡魂。當時，看到那些血肉模糊的遇難者，彭措（扎白之後的第二位自焚者，格爾登寺僧人）在做法事時，痛哭不止。」

「二〇〇八年，藏人被打的打，被抓的抓，被槍殺的槍殺，被致殘的致殘，許多藏人都產生了強烈的反對中國政府的意識。」

「二〇〇八年喚醒了我們，也改變了我們。」

……

扎白在自焚前寫下遺書：如果當局禁止為亡者舉行祈福的法會，那麼他會自焚。當一場紀念遇難者的祈禱法會被當局強行取消，扎白履行了諾言。

那天晚上從互聯網上看到扎白自焚的消息，我的震驚有兩重：一是為這決絕的自焚；二是為扎白在燃燒時竟然還會被軍警開槍射擊。傳到網上的現場照片可以看到：撲倒在地的扎白周圍有多達十六個特警和便衣，至少三人手裡端著警用防暴槍，一人手握類似警棍的武器。

同寺僧人說扎白的腿和右臂中彈，從此落下殘疾。但中國官媒新華社否認他被槍擊，做為政府喉舌的中央電視臺還播放過扎白在醫院治療的場景。但直到今天，扎白從未能返回家鄉與寺院，據說他仍被禁閉在軍隊的醫院，除了母親和妹妹，禁止其他人探望。而拍下扎白自焚現場照片並發送外界的格爾登寺僧人江廓，遭判刑六年半，至今仍在獄中。

從扎白自焚開始，我記錄下每一位自焚者的情況，發布於我的博客。但我無論如何也沒有預料到後來會有這麼多藏人以身浴火，以致一種新的抗議形式正在出現。這幾年來，我的記錄常常追不上一個個生命被烈火燃燒的速度。至今，共有一三一位自焚者，其中只有少數跟扎白一樣倖存，但數目無法核對，因為他們皆被當局扣押，全無音訊。

在西藏的歷史上，尤其在當代史上，從未有如此眾多的遍及城鎮與鄉村的藏人焚身明志。事實上，藏人的自焚是二〇〇八年三月遍及全藏的群體抗議的延續。那次抗議顯示了占領西藏長達六十多年的中國政府仍未贏得西藏民心，藏人仍在反對中國的統治。而中國政府的反應，照樣還是暴力鎮壓，而對藏人的要求——如民族平等，讓流亡逾半世紀的達賴喇嘛回國——置若罔聞。

不理解藏人處境的把自焚看成自殺。但死的方法很多，為何要讓身體的每個細胞被烈火逐一燒焦？理解的關鍵恰在於此：自焚者就是要以常人無法承受的極端痛苦，去發出最強烈的抗議。

一度藏人曾前仆後繼地在公共場合進行個體抗議——喊口號，撒傳單，不怕軍警毒打和入獄，問題在於那種個體抗議完全無人知曉，換來的只是毫無聲息的人間蒸發。自二〇〇八年三月鎮壓之後，藏地如被占領的戰場，關卡重重，工事林立，抗議再也無法形成群體規模。只要藏人還有進行群體抗議的可能性，哪怕是面對鎮壓，就不會、也不需要採取自焚的方式。這出於絕望的行為，正如二〇一二年十月四日在那曲縣自焚犧牲的網路作家古珠所說：「要把和平鬥爭更加激烈化。」

在監控嚴密的藏地，無從知悉藏人對自焚的輿論。他們均須聽命中央施令——五星紅旗必須高掛，尊者達賴喇嘛的肖像只能消失。但我深知藏人都把自焚者視為民族的英雄兒女，在許多藏人家裡，都供奉著自焚者的一張張照片。

自焚在二〇一二年十一月達到最高峰。那正是中共十八大召開之月，將產生中國的新一代領導人。一個月自焚二十八人，充分說明了自焚者期望促使中國新一代領導人改變西藏政策。

可惜自焚藏人的希望是徒然。事實證明中共新領導人在他們上臺就開展「反自焚鬥爭」，對自焚者家人、親屬、所在鄉村及寺院等進行連坐，予以嚴懲，並課以重金罰款，甚至不准自焚者親屬去拉薩朝聖；目前已有數百藏人為此遭到拘捕和判刑。

的確今天自焚減少了很多。中國當局可能會得意占上風，但言之過早。

中國著名作家魯迅有一句詩——「於無聲處聽驚雷」。今天的西藏變成無聲處，驚雷必會在明天震動雪域高原乃至整個世界[1]。

1.「中國著名作家……整個世界」一句，節選自發表於二〇一四年三月五日《紐約時報中文網》，的〈藏人的呼聲終將被世界聽見〉。英文譯文見2014年3月《紐約時報》（*New York Times*），〈Tibet's Enduring Defiance〉。

V

༄།། དག་ཞིང་གི་རྒྱལ་ཁྱོགས།།

我如同被隔離的傳染病患者

我很願意回到我那高海拔的家鄉，儘管在拉薩的我形同一個被隔離的傳染病患者，身後有人跟蹤，朋友試圖拍攝跟蹤者時被粗暴地砸毀相機，敢於與我們接觸的親友挨個被叫去喝茶，這使得絕大多數親友都遠離我。

我如同被隔離的傳染病患者

在拉薩的每一天都是難以言喻的。

每天早上醒來，看著窗外的藍天和陽光，心裡湧上的是一種深感幸運的喜悅。但這喜悅很快就會無影無蹤。推開窗戶，會聽見不遠處的軍營傳來單調的軍號聲，有時候會傳來充滿殺氣的嘶喊聲，那是血氣方剛的士兵在練武。

而在十八大期間，更經常聽見的是，不遠處的道路上有車來來回回，載著的高音喇叭裡傳來男聲女聲，藏語漢語，格外鏗鏘有力，雖然聽不清在說什麼，卻讓人瞬間回到文革，我於是想起曾經採訪過的一位老先生，只要說起文革，就會說起造反派的高音喇叭，整天不是朗誦毛主席的「最高指示」就是高唱〈大海航行靠舵手〉，整個拉薩被震得東搖西蕩，以致他落下了一聽到那種尖利、亢奮的聲音就心悸的毛病。

我這次在拉薩住了三個多月。那之前，北京的警察說，黨的十八大即將召開，像我這樣的人，必須離開北京。實際上，我是非常愉快地離開了正在「清場」的北京，我很願意回到我那高海拔的家鄉，儘管在拉薩的我形同一個被隔離的傳染病患者，這是因為我的親戚和朋友，可能有十幾位甚至更多，都被拉薩的警察叫去談話，受到威脅，這讓我感到憤怒與抱歉。而我七十歲的母親，見到的不只是拉薩的警察，還有特地從北京趕來的警察，他們要求我母親教育我「轉變思想」。

說起來也有意思，朋友們不敢或者說不便與我見面，卻也有不少新結識的朋友甚至有些還是老人特地來看我。我並非一個完全被隔離的傳染病患者。所以我聽到的種種故事倒也算得上是精彩紛呈，只不過有一種黑色幽默或荒誕不經的味道。同時我還是一個蒙恩的人。我收到的關懷如大大小小的禮物，總是令我的內心充滿了感激。

有一次，我穿過某個小巷，很偶然地遇見一位阿佳啦[1]，她認出了我。當我們輕聲交談時，她突然哭了。原來她的丈夫在幾個月前被捕了，而這是因為他的手機裡有尊者達賴喇嘛法相以及尊者開示佛法的錄音，就因為這，她的丈夫被判刑。又有一次，我若有所思地穿過夏薩蘇巷，卻被守在巷口的警察劈頭攔住：「過去安檢！交出你的身分證！」我瞥了這個藏人警察一眼，轉身就走。我心想我完全可以不從這個安檢口去帕廓，但我的雙腿卻有些發軟。

有一次，我有意去了八朗學的巷子。在離巷口不遠處，有一個便民警務站，男男女女圍了不少，當然他們全都是年輕的警察。我打量著他們，滿腦子全是九月的一天，從甘丹寺進城來看病的僧人索朗多吉，正是在路過這個警務站時，被一位警察開槍打死。那麼，

1.阿佳啦：藏語，意為大姐。

是這些軍警中的哪一個開槍的呢？兇手還在這裡趾高氣揚地欺負甚至殺害藏人嗎？

我還想說的是，我住在離色拉寺很近的一幢樓房裡。只要從寫作的桌前抬頭，就可以望見不遠處的布達拉宮。那是尊者達賴喇嘛的家，至今供奉著過去數世的靈塔，以及屬於尊者的法座，但這幾十年來，卻是人去屋空。我仍然記得許多年前的新年之夜，我第一次意識到，咫尺之遙的法王之宮，在黑幕下越來越清晰地顯現著永遠不倒的輪廓，我於是寫到：「我因而相信，我和一個祕密……將在西藏那格外的光中真正地相遇。」

這幾十年來，環繞布達拉宮的那種充滿悲傷的寂寥氛圍從未散去，但我還是認為，無論如何，能夠見到布達拉宮就是福報，是我莫大的福報。雖然此時此刻的拉薩完全是天羅地網，兵比民多。

「人性化」與「炒作」——離拉薩記

拉薩火車站不讓送乘客的人進車站，連站臺票也不出售，全世界可能沒有這樣的車站。母親和妹妹灑淚與我告別後，我自己進站，隨之三個國保在一旁出現，都是我的族人，他們把我帶進一個房間，態度友好，再三強調不是「訓誡」，只是「談話」。其中的含意我明白，他們有權「訓誡」。因為時間不多，國保只是自說自話一番，沒給我說話的時間，隨後他們幫我提箱子，把我送上了火車，表示今後要和我交朋友。

三位族人，我本想說而未來得及說的話，只好在這裡跟你們說。首先謝謝你們幫我提了箱子，不讓送站的無理規定的確讓我對兩個沉重的箱子發愁。不過你們要求我不能把這次見面說出去，抱歉不能照辦。我可以不對外說你們的名字（雖然我不知道你們告訴我的名字是真是假），但我的原則是和官方機構打交道必須透明。某些管道有意識地放風——我與官方合作，如果這種見面不放到檯面上說，類似謠言就會變得真假難分了。

你們說，在我離開拉薩的最後一刻才找我談話是一種「人性化」，是為了避免驚嚇到我母親及家人。對此我領情，七十歲的母親被驚嚇的確是我最大的顧慮。但是，我非常清楚有黑手伸進我的家庭，其中只有邪惡而非人性；我的親戚朋友幾乎都「被請喝茶」，使得絕大多數親友都遠離我，我這次在拉薩三個月，原本那麼親密的親戚因為害怕被連累都未敢露面，這種人性親情的喪失，「人性化」又在哪裡？

的確，對我，你們沒有像抓「暴徒」一樣，半夜跳進牆內當著老人和孩子的面抓走，因此可知，你們強調的「人性化」，是和對別人的做法相比而來。我的希望是，人性化不只是個例，而是應該在所有情況下對所有人同樣的人性化。

你們談的另一個話題是關於「炒作」，似乎是對我的指責。好吧，正如你們所說，我們觀點不同、立場不同，為此我自然不能要求你們認同我對藏區和藏人現狀的看法。你們說我炒作，誇大事實，我卻覺得因為很多情況還沒掌握，尚未說得充分。而有關部門在「三．一四」事件當天就炒作「有足夠證據證明是達賴集團有組織、有預謀、精心策劃的」，四年半後的今天仍然未拿出任何證據，同時卻把滿街是軍警的拉薩炒作成了「幸福指數最高的城市」，就算我如實寫西藏被認為是炒作，相比也是太小巫見大巫了，你們說是不是？

不過，這也是專制權力與生俱來的特性——自己一切都是「偉光正」，他人所做都是別有用心。這次我坐朋友的車回拉薩時，一路上數次被荷槍實彈的軍警搜查，從事電影工作的朋友帶了一個攝像頭，我們因此遭攔阻二十個小時，差點不讓我們進拉薩。西藏的各

拉薩老城布滿監控攝像頭。（拍攝於 2012 年 8 月，拍攝者 唯色）

個角落被安裝了數以萬計的攝像頭，卻對百姓的一個攝像頭如臨大敵，這是不是有點荒誕呢？掌握著所有的權力的強大國家，怎麼會為一絲光線露出去的可能如此恐慌？

對你們所說的，你們掌握我在拉薩期間的所有情況，這我絕對相信，以國家之力掌握一個渺小個人，太簡單輕鬆，毫不稀奇。只是我自信我的一切毫無祕密，都可以公諸陽光之下。

※※※

再講一個關於膠卷的故事：我一直有一個願望，用我父親四十多年前在拉薩拍照片的老蔡司（Zeiss）相機，拍一套今日拉薩的城市照片。那沒有什麼政治含義，僅僅可以歸類為「行為藝術」。所以這次我回拉薩，帶了一批在北京買的反轉片，開始嘗試完成這個藝術創作。

在拉薩的人都知道滿街無處不在的軍警隨時會檢查相機裡是否有軍警身影，我用膠卷拍攝，跟數碼相機不同，禁不起那種檢查——一旦曝光就無法恢復。所以我在拍攝過程盡可能小心翼翼避開軍警。拉薩的軍警之多，想避開並非易事。我在拉薩的烈日下東奔西跑，最終拍出十九個膠卷。考慮到我一時還不離開拉薩，我把拍完的膠卷託一位來拉薩旅遊的漢人女孩帶到內地，以便能夠儘早沖洗。

女孩離開拉薩的前一晚到我家告別，我是在那時把膠卷交給她。當時沒有任何人在場，之前我們也沒在電話裡提到過。但是第二天她在機場過安檢時，卻被警察指控有一把水果刀藏在裝著這些膠卷的背包裡，可那把水果刀卻是她從未見過的。警察不由分說把包拿走，在她看不到的地方去做「進一步檢查」。女孩只能在外面等待，直到飛機就要起飛，警察才把包還給她。而那時女孩已經沒有充足時間檢查，匆匆跑步登機。等到一切安定下來，她仔細一看，我的十九個一二〇富士反轉片膠卷，被調換成了十個一三五的柯達負片膠卷和五個富士負片膠卷。現在，這十五個被掉包的膠卷在我北京家裡。我在拉薩數日奔波的藝術創作，便如此消失在國家機器製造的茫茫黑洞中。

的確，國保可以無孔不入，他們用什麼方式得知那女孩幫我帶膠卷，我想不出。是我家客廳被偷裝了竊聽器或攝像頭？還是數公里之遙的拉薩市公安局大樓豎立的高倍望遠鏡能看進我家窗子？不過，無論他們用什麼高科技手法，都不如我對代表國家法律的部門竟使用這種方式拿走我的膠卷，更使我感到驚訝。

在拉薩火車站與我談話的國保先生，你們說要跟我做朋友，做為同族人、同鄉人，我不會橫眉冷對，可以和你們握手、對話，但是請勿使用「朋友」這個詞。你知、我知，盡人皆知這種關係不可能是朋友。但既然你們是我的同族，我相信你們白天在鎮壓機器上遵命運轉，深夜不眠時可能也會面對心中的真實，會對我們父老鄉親的境遇感到心疼。人追求功名利祿並不奇怪，你們身處體制也有不能不為之難，這都可以理解，不過我想給你們說另外一個故事——昔日的東德解體後，德國曾對迫害東德人民的軍警進行審判，一位射殺過翻越柏林圍牆者的東德士兵在法庭上為自己辯解：「他只是在執行命令，如果有罪也是上級有罪。」但是法官仍然判決那士兵有罪。法官對判決的解釋是：「上級沒有命令你不可以把槍口抬高一釐米。」

這個故事想說明的是，即使在極權體制高壓下，體制內的人保護自身利益也並非一定要泯滅良心。只需在不被察覺的情況下，把槍口悄悄抬高一釐米，就可能使多少父老鄉親免於災難。在我心目中，那才是更實際的「人性化」，而我們的同胞，也一定會記住這人性的一面。

軟禁為的是消除「雜音」

許多媒體都報導了我和我先生在二〇一三年六月裡兩次被軟禁。月初的軟禁與「六四」有關。月中的軟禁與外交官、外媒記者訪問拉薩有關。其實當時我並不清楚會有哪些外交官去，只知道有一批外媒記者肯定會去。

差不多每年都有好幾次這樣的表演，基本上安排的都是遠在各國的外媒記者。這樣也就有利於「統戰」[1]那些不瞭解中國更不瞭解西藏的記者，讓他們為黨領導下的「新西藏」鼓掌。有時候也有個別駐北京的外媒記者爭取到這個機會。他們深知若不參加由中國政府安排的記者團就進不去拉薩，當然參加的話，只能看到和聽到黨讓他們看、黨讓他們聽的西藏，而那樣的西藏是一個假象。

於是就有不甘心被擺布的外媒記者開始做進藏前的功課，包括採訪我。但沒想到當局對此特別重視，六月十九日，我剛見罷記者，便有七八個警察及國保出動，很快將我這個「雜音」及我先生軟禁起來，長達數日，完全隔絕與外界任何人見面。難道這樣做，外媒記者看到與聽到的就都是西藏人民幸福無比的景象嗎？當局對西藏真相如此忌憚，由此可

1. 統戰：統一戰線的簡稱，是共產黨政治鬥爭的方式之一，執行原則為「聯合次要敵人，打擊主要敵人」而擴大統一戰線，就要靠各種公共關係的經營。當代共產黨黨內各級統一戰線工作部就相當於公共關係部。

見一斑。

按照這幾年上演類似荒誕戲的慣例，當外國記者團抵達拉薩，滿街的軍警會脫下制服，換上各種休閒裝，扮成遊客；藏人房頂上的狙擊手不會因此放假，反而會隱蔽起來，只看得見他們頭戴的寬沿黑帽忽隱忽現；至於針對整個城市所有藏人的各種網格化[2]監控，則愈發無孔不入。

有外媒記者告訴我，事實上諸多外媒多次向中共當局申請去西藏自治區，總是被拒絕。而被拒絕的理由是「西藏當地政府不信任外國記者」。還扮委屈狀說他們也沒辦法，地方政府做主嘛。這個理由太不符合事實，難道西藏自治區政府已經獨立了嗎？難道西藏自治區政府做得了北京中央政府的主？

推特上網友對此諷刺道：「中國都是奴才當家說的算，主子當然沒有發言權。相對於中央政府，西藏地方政府是奴才……對奴才政府的行事規則和語言表達不能用正常人的思維去理解。」

據悉中國外交部還很不滿地批評外媒：「為什麼西方媒體對中央政府的西藏決策有偏見？這就像有一個婚禮，一個美麗的新娘在房間裡，但每個人都希望把重點放在垃圾上。」這個比喻很是耐人尋味。美麗的新娘是誰？隱身的新郎是誰？而垃圾又是誰？可是，既然中國政府認為西方媒體對西藏的報導是對垃圾的報導，又為何要精心安排外媒去

2. 網格化：將常駐人口的居住地劃分為一個個網格狀的轄區，而這些轄區就是政府機關管理基層的單位。

拉薩？是出於幫助他們了解真相的崇高目的嗎？講述這段經歷的外媒記者說當時很震驚，心想中國政府竟用垃圾做藏人的比較。

而推特上有網友表示，「要是記者知道不單單政府，很多中國人都這樣想（即認為藏人是垃圾）就更震驚了。那些高喊『統一民主新中國』的，是不準備讓這個新中國裡有任何非漢人的，除了漢化就是死路一條。」還有網友說：「連採訪都要被刻意安排，這就足以證明了西藏根本不存在所謂的『真實』，不存在所謂的『自由』。」

「你究竟有幾套偽裝服？」其實拉薩滿街巡邏的軍警一下子換上了各種休閒服很平常，很常態，算不得什麼。讓人驚訝的是，有時候他們會穿上袈裟，有時候他們會穿上藏裝，有時候他們會戴上白帽子裝回族。不過拉薩人早已見慣不驚了，幽默地說：「如今我們中國實在是太富裕了，所以給保衛我們的子弟兵準備了至少五套不同身分的服裝。」

二〇一三年夏天回拉薩

對於藏人，拉薩意味著什麼，是不言而喻的。對於我這樣的藏人，出生在拉薩，小時候隨父母離開了拉薩，二十多歲時才回到拉薩，三十多歲時因為寫了一本被中共當局懷恨的書而不得不離開拉薩，之後，就像候鳥似的，時不時地來回於北京與拉薩。

二〇〇八年在全藏地爆發的街頭抗議以及延續至今的自焚抗議，遭到中共當局嚴酷鎮壓，包括實行「種族隔離」政策，也即是說，以種種不人道的措施使得整個藏地的藏人難以進入拉薩，而在拉薩的藏人則被大街小巷的警務站、安檢門搞得舉步維艱——這些，我都親身經歷了，為此刻骨銘心。

最難忘的是二〇一二年夏天回拉薩，在經過青藏公路的第一個檢查站時，我被警察攔住索要「進藏許可證明」，否則不准入藏，但同行的我先生和六位朋友卻可以暢通無阻，只因他們不是藏人是漢人。那是我第一次眼睜睜地看見這個國家特殊的「民族政策」，可以像場地震，在自己與家人和朋友之間劃開一條深不可測的鴻溝。

二〇一三年六月底，我又一次回到拉薩，與我的先生和兩位朋友一起。我同樣面臨沒有「進藏許可證明」的困擾。不過這一回相關單位似乎給我開了綠燈，同意我享受進藏漢人的待遇，僅憑一張身分證即可進入拉薩。然而，正如我先生王力雄寫的一篇短文中披露的那樣，火車進站時，西藏國保已等在月臺，先把我們帶到車站派出所進行了一小時的搜查（我箱子中的衣物甚至被他們翻弄，這讓我感到被羞辱）。王力雄背包中的一個電子「探測狗」被他們當作了重要發現。那是一種用於探測無線竊聽器或無線針孔攝像機的電子設備，警察問他為什麼要帶它，王力雄說是為了檢查我們在拉薩的家是否被暗中監控，警察就沒收了「探測狗」。

隨後我們被軟禁在拉薩家中，沒有任何法律手續，直到正在拉薩訪問的美國駐

在拉薩，我每次出門，都有車跟監，有時多達三輛。每輛車裡的便衣其實我已面熟。（拍攝於 2013 年 10 月，拍攝者 唯色）

中國大使駱家輝離開。從我們住的七層樓往下看，可以看到兩三輛車上坐滿便衣，而警方對我們的嚴密控制，目的是防止美國人和我接觸，不讓駱家輝大使在當局安排的西藏盛世景象之外，聽到不同的西藏聲音。

駱家輝大使走後我們雖然可以出門，但是身後有人跟蹤。朋友試圖拍攝跟蹤者時被粗暴地砸毀相機；敢於與我們接觸的親友挨個被國保恐嚇。事實上，我在拉薩四個多月期間，每天都至少有三輛車或者停在我住的社區門口，或者一路尾隨出門的我，一刻也不放鬆地跟蹤、監視。為此，幾天前，我在乘飛機離開拉薩後，特意在推特上寫了一條推文：「從陽光透亮的拉薩到了霧濛濛的重慶，……吁了一口氣。再見，藏A・F4030；再見，藏A・A8456；再見，忘記車號的橙色轎車。再見，黑胖男；再見，黑瘦男；再見，墨鏡女；再見，我見過的你們二十多人，……明年我還會回來。」

至於那個「探測狗」，拉薩國保們還曾將我們從家裡帶走，在可能屬於他們的定點旅館裡分別開房盤問，要求我們交代為什麼要攜帶「探測狗」到拉薩。這真是一個荒誕的插曲，我們懷疑家裡被他們安裝了竊聽裝置，所以想用那個滿大街到處都有賣的「探測狗」查看一下，卻被他們說成是「反間諜設備」而無權擁有，恰如中國俗語：「只許州官放火，不許百姓點燈。」

我被臉書公司刪除的帖子是什麼內容？

二〇一四年十二月二十六日這天，我在我的臉書上轉發了十二月二十三日西藏僧人格絨益西在派出所前自焚犧牲的視頻，並摘錄相關報導的文字，說明那是藏人進行的抗議。然而幾小時後，此帖被刪除。當我看到頁面上跳出臉書公司的刪除通知時，十分震驚。如我隨即寫於推特：「從二〇〇八年在facebook上註冊，迄今六年多，第一次遇到刪帖的事！沒想到臉書也有小祕書了！」

所謂「小祕書」，是對中國的推特山寨版——微博的審查員之稱。他們的任務是刪除任何涉及政治敏感內容的微博，是中國當局壓制言論自由的馬前卒，因此在中國網民中聲名狼藉，普遍被視為網路公敵。我之所以不使用中國網站，寧願費盡周折翻牆使用境外網站（包括臉書），正是受夠了「小祕書」的刪帖和封殺。目睹臉書也出現「小祕書」之時，可想而知我的震驚，甚至產生一種絕望之感——難道整個世界都要被「小祕書」和「老大哥」統治了嗎?!

我的臉書遭刪帖迅速成為事件。除了推特中文圈眾口熱議，《美國之音》、《紐約時報》

等媒體也做了及時報導。這一事件已不只是關涉西藏問題、商業行為、政治立場、網路技術，尤其是言論自由與審查等等話題，顯然更為豐富、重要。而在中國的新浪微博上，有人陰陽怪氣地說我在推特上抗議發在臉書上的視頻被刪除，表示沒想到臉書也有像新浪那樣的內容審查。而臉書回應內容違法，解讀權在臉書，我就大罵臉書執行長祖克柏虛偽。

那麼好吧，我得說說被刪除的帖子是什麼內容，以免被人認為我強詞奪理。實際上，我在給臉書公司的致函中講得很清楚：我在臉書上轉發的自焚視頻，是拍攝者冒著極大風險拍攝的。自焚現場就在警察機構門前。拍攝和外傳自焚視頻與照片的人，一旦被抓住會遭到嚴懲，這之前已有多達上百的藏人因此被判刑。自焚藏人並非執意尋死，是以燃燒自己的生命引起世界對西藏問題的關注，是要用自身的死換取民族的生。而拍攝者不顧個人和家庭安危拍下視頻傳到網上，就是為了讓世人看到今日西藏的現狀。他們不指望這種視頻能在中國的網路上流傳，能託付的只有自由世界的網路。但如果像臉書這樣審查刪帖，自焚者的獻身和拍攝者的風險就會白白犧牲。這難道會是臉書公司的希望嗎？

也因此，二〇一五年一月五日，位於華盛頓的國際聲援西藏運動發起連署活動（International Campaign for Tibet），指出中國當局對臉書的封鎖，反映出這一社交媒體曾經拒絕配合中共的審查標準。但目前，臉書刪除自焚藏人視頻等行為卻令人擔憂，希望臉書公司能夠對該事件予以全面解釋，並充分尊重言論表達自由。

臉書公司關於刪帖的解釋是無力的

我使用臉書長達六年多，除了二〇一四年十二月二十六日因轉發藏人自焚的現場視頻被刪帖，之前從未有過刪帖的遭遇。這一關涉言論自由與審查的事件被媒體如《美國之音》和《紐約時報》及時報導。臉書公司因此有回應，其發言人致函《美國之音》與《紐約時報》，解釋說：「臉書長期以來都是人們分享事物和經歷的地方。有時，這些經歷涉及暴力和露骨的視頻。我們努力在言論與安全之間實現平衡。但是，鑒於一些人反對露骨視頻，我們正在努力增加人們對他們所見內容的控制能力。目前我們還不具備這些工具，因而，我們刪除了這項內容。」

顯然，臉書似乎想從專業、技術和中立的角度為刪帖辯解，但如果說自焚的視頻「涉及暴力和露骨」，「圖像過於怵目驚心」，那麼，一九六三年越南僧人釋廣德在西貢街頭自焚，其照片卻是舉世皆知的經典，被廣為傳播和引用；同樣，二〇一二年三月二十六日，流亡藏人江白益西在新德里抗議中國主席胡錦濤訪問印度而自焚，他全身裹著火焰奔走呼喊的悲壯場面被許多媒體拍攝並發表，是不是都「涉及暴力和血腥」，因為「圖像過於怵目驚心」而必須刪除呢？更不要說「九一一」恐怖分子劫機撞毀紐約雙子塔的視頻與圖片，以及那些從高層嚎叫著跳下的遇難者，不是更加「怵目驚心」嗎？

但恰恰是這種「觸目驚心」，才能讓世人正視這世上的黑暗和恐怖勢力，激發人們與邪惡殊死抗爭的勇氣和決心。西方國家得到民眾普遍擁護、下決心打擊恐怖組織「伊斯蘭國」（Islamic state，IS），很大程度正是出自IS對人質斬首的視頻在網上流傳的作用。臉書辯稱「斬首視頻沒有包括人頭落地瞬間」，實在毫無說服力。「不包括人頭落地瞬間」的斬首視頻難道就不「涉及暴力和露骨」，就不「過於怵目驚心」嗎？何況我的確在臉書上看到了包括人頭落地瞬間的視頻，甚至行刑者還把斬下的人頭放在了死者的肚皮上。恐怖分子想用這種畫面恐嚇善良的人們，激起的卻是世界消滅他們的決心。

若按照臉書公司專業主義說法，很多這一類正視黑暗的報導都須刪除，不能公諸於世，從而實現如臉書公司宣稱的那樣：「讓facebook上的每位用戶都能夠安全地與周圍的世界交流」？事實上，那只能讓平庸和麻木籠罩人們的心靈，從而使黑暗魔王愈加肆無忌憚，不但從黑暗深處現身，而且橫行世界。臉書不能只有「face」（臉面），還要有「faith」（信念）。審查、判斷的標準不應該僅僅停留於畫面的表面，更應該看到的是畫面之下的價值和意義！當擺出貌似「中立」的姿態時，不妨想一下諾貝爾和平獎獲得者、猶太作家埃利・維瑟爾[1]所說的：「中立從來只有助於壓迫者而非受害者，沉默永遠只會助長施虐者

1. 埃利・維瑟爾：Elie Wiesel，1928–，猶太人，作家、政治家，同時也是集中營的倖存者。二戰與家人一同被送入集中營，目睹人間煉獄，雙親及小妹皆死於其中，僅自己與兩位姊姊幸運生還。將自身遭遇化為人道關懷，關注種族迫害相關議題。著作《夜》（*Night*）為集中營的回憶錄，被譯為三十多種語言。一九八六年獲諾貝爾和平獎。

而非被虐者。」

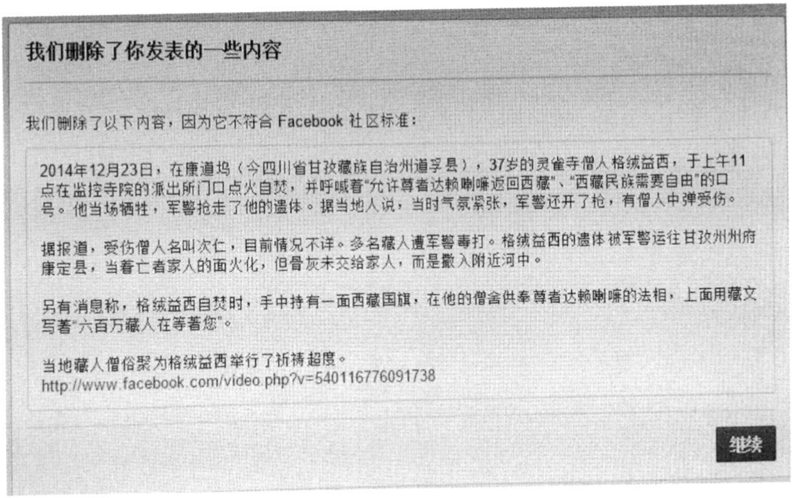

我们删除了你发表的一些内容

我们删除了以下内容，因为它不符合 Facebook 社区标准：

2014年12月23日，在康道坞（今四川省甘孜藏族自治州道孚县），37岁的灵雀寺僧人格绒益西，于上午11点在监控寺院的派出所门口点火自焚，并呼喊着“允许尊者达赖喇嘛返回西藏”、“西藏民族需要自由”的口号。他当场牺牲，军警抢走了他的遗体。据当地人说，当时气氛紧张，军警还开了枪，有僧人中弹受伤。

据报道，受伤僧人名叫次仁，目前情况不详。多名藏人遭军警毒打。格绒益西的遗体被军警运往甘孜州州府康定县，当着亡者家人的面火化，但骨灰未交给家人，而是撒入附近河中。

另有消息称，格绒益西自焚时，手中持有一面西藏国旗，在他的僧舍供奉尊者达赖喇嘛的法相，上面用藏文写著“六百万藏人在等著您”。

当地藏人僧俗聚为格绒益西举行了祈祷超度。
http://www.facebook.com/video.php?v=540116776091738

继续

臉書通知。

「不，馬克・祖克柏，你不是查理。」

我的臉書被刪帖成為公共事件。媒體報導，臉書解釋，我也致函。我的朋友們認為我還需質疑的是：臉書這種做法到底有沒有迎合北京的因素？藏人自焚的視頻以前不被刪除，但這次刪帖的時間點值得注意。二〇一四年十月，臉書執行長馬克・祖克柏（Mark Elliot Zuckerberg）到北京覲見中共高層；在見面前十八天前，臉書總部接待中國互聯網總管魯煒，並當其面展示帶領下屬學習習近平著作。這讓人不得不擔心，祖克柏是否會出於期待北京恩准臉書進入中國而放棄捍衛用戶言論自由的原則。如果這個邏輯成立，說明專制權力能夠透過間接操控而直接限制民主世界的言論自由，那才是最可怕的，也是民主世界最應該警惕的。

與此同時發生了極端分子對巴黎漫畫家的恐怖屠殺[1]，令世界震驚，不但讓數百萬人湧上巴黎街頭，與四十多個國家的領導人於十一日集會遊行，聲討恐怖主義，表達堅決捍衛言論自由的決心；也讓祖克柏於九日下午，在他的臉書上向極端分子喊話，聲稱自己不怕死亡威脅，拒絕審查與封鎖任何冒犯先知穆罕默德的內容。

1. 二〇一五年一月七日發生於法國巴黎《查理周刊》總部的恐怖攻擊事件。由兩名身穿聖戰服裝的男子發動攻擊，造成十二人死亡，十一人受傷。死者包括多名記者、漫畫家、兩名警察及一位經濟學者。據調查，槍手犯案動機為《查理周刊》的漫畫時常揶揄、諷刺伊斯蘭教創始人穆罕默德與現代的穆斯林領袖。

祖克柏還信誓旦旦地說：「我們從不讓一個國家或一群人去支配其他人能分享的事情。……我們必須拒絕讓一群極端主義者嘗試讓世人噤聲。我不會讓此在臉書上出現，我會盡心盡力去建立一個能讓大家自由發聲、排除恐懼的服務。」

他的話不算多，短短時間就得到了四十多萬個讚，四萬多個分享。

可就在他如是表態的一兩週前，明明發生過這兩件事：我上傳的西藏僧人以自焚抗議中共壓迫的視頻被臉書公司刪除，以及流亡德國的中國作家廖亦武上傳的藝術家以裸奔抗議中共關押諾貝爾和平獎獲得者劉曉波的圖片，亦被臉書公司刪除並被封鎖帳號。這再次激發更多批評，以至於臉書公司做了調整，比如我重新上傳的藏人自焚視頻沒再被刪除，廖亦武的臉書也解禁，為此我在推特上予以肯定，希望臉書公司以後能夠堅守不作惡的底線。然而，這並不說明祖克柏就成了捍衛言論自由的無畏象徵，因為臉書公司的確是幹過審查言論、封鎖言論這種事，而且很多人都質疑了祖克柏諂媚中國權力者的一系列舉世皆知的事實。

而祖克柏於此時此刻的表態是不是有點太聰明，不誠實？就像我的朋友議論：「小扎[2]這是想趁法國恐怖襲擊，世人群情激憤之時表態得分，我們得提醒他一下，不能讓他這分得地太容易，別不怕死反倒為了幾個錢怕中共。」我因此寫了一篇提醒他的短文，翻譯後被《華盛頓郵報》（*Washington Post*）報導了，還給了一個很精彩的標題：〈不，馬克・祖克柏，你不是查理（Charlie）。〉

1. 小扎：臉書執行長馬克・祖克柏的暱稱，在中國較為普及的譯名為「馬克・扎克柏格」，故有此稱呼。

臉書刪帖引發兩萬多人連署

值得介紹的是，我的臉書被刪帖所引發的反彈之一，還包括位於華盛頓的國際聲援西藏運動（ICT）發起的連署活動。這是因為遭臉書公司刪掉的帖子並非無足輕重，更不是低級趣味或血腥瀰漫，而是二〇一四年十二月二十三日西藏境內的僧人格絨益西在當局派出所前自焚犧牲的視頻，以及相關簡介。國際聲援西藏運動因此於隔年一月五日在網上徵集連署，要求臉書公司對這一刪帖行為做出解釋，並須尊重言論表達自由。

連署書回顧說，十二月二十六日，西藏作家茨仁唯色在她的臉書頁面上發表一位僧人在西藏自焚的報導和視頻，幾個小時內被臉書刪除，理由是涉嫌違反了該社交媒體巨頭制定的「社群守則」。連署書指出，事實上，臉書公司的行為侵犯的是唯色的言論自由，以及數百萬藏人向世界傾訴所受苦難的基本人權。眾所周知，西藏民族正處在水深火熱的困難之中。因此，對中共壓迫藏人的真相進行審查，對藏人們以自焚抗議的方式來向世界發聲這種狀況進行審查，不但是錯誤的，而且非常可恥。

連署書還說，臉書於過去幾年中，成為數百萬人自由分享訊息的平臺，中國對臉書的封鎖，反映出這一社交媒體曾經拒絕配合中共的審查標準。然而，現在卻出現刪除自焚藏人視頻等一系列動作，無疑令人擔憂。連署書強調，臉書執行長馬克．祖克柏需要知道，道德價值如言論自由和對藏人生命的尊重，要比利益更加重要。如果他以為有良心的人不會反抗審查，那麼他需要重新思考。

令人鼓舞的是，國際聲援西藏運動在關注人權與綠色和平的簽名網站care2上開展的連署活動，據報導，三週內獲得兩萬零五十九個簽名，來自一百三十多個國家。一月二十七日，ICT主席馬泰沃．麥凱西（Matteo Macacci）與care2的副總裁，赴臉書公司位於加州矽谷的總部遞交了這份連署書。ICT主席說：「我們有幸代表所有連署者，向臉書轉告不能接受該社交網路打壓藏人聲音的行為。並希望臉書今後不再以圖像內容等藉口，來對藏人的真實訴求與任何對中共政策的批評採取消聲的動作。」

這其實也是我在給臉書公司的致函中質問的，如果像臉書這樣審查刪帖，自焚者的獻身和拍攝者的風險就會白白犧牲，這難道會是臉書公司的希望嗎？也正如網友所說，這些人只是在披露真相，而真相就是那麼難以接受，靠刪是刪不掉的。

而紐約作家派克（Emily Parker）的忠告，更應該是臉書需要聽取的。他說，臉書很可能永遠也無法讓中國的審查者滿意。中國的確是一個非常有吸引力的市場，但是如果臉書決定遵守中國的審查制度，就可能會在公關上引發強烈的反彈。

VI

ༀ༔ དག་ཞིང་གི་རྒྱལ་ཕྱོགས།

一九五九年遍布拉薩的碉堡

一九五九年遍布拉薩的碉堡，實際上就跟今天遍布拉薩的便民警務站是一樣的。二〇一二年的九月六日下午，甘丹寺四十歲僧人索朗多吉進城看病，經過城關區附近的一個便民警務站時被特警開槍而亡，這一幕與一九五九年，何其相似。

一九五九年遍布拉薩的碉堡

文化大革命席捲拉薩時，我父親是西藏軍區的一名軍官。他熱愛攝影，幾十年來拍過不少照片，尤以文革時期拍攝的照片最為珍貴，我依據這些照片進行調查，於二〇〇六年由臺灣大塊文化出版了文革在西藏的歷史影像及其評述一書──《殺劫》。

其中有學生紅衛兵及居民紅衛兵遊鬥[1]「牛鬼蛇神」的系列照片，有幾張照片是遊鬥最早與中共合作的上層人物──曾被稱作「愛國上層人士」──貴族崔科．頓珠次仁和商人邦達多吉父子，被戴上紙糊的高帽，穿上原本給護法神穿的法衣，拉著堆滿剝削階級「贓物」的木板車。遊鬥隊伍幾乎繞拉薩城一圈，在經過堅斯廈（十四世尊者達賴喇嘛家族的府邸，今天的北京東路）時，照片右上角出現了一幢呈方形的房子，兩三層高，一面牆上有四扇小小的沒有藏式裝飾的窗戶，另外三面牆上看不清有什麼。我採訪過的長輩們都說這是西藏軍區的碉堡，建成於一九五〇年代，位置大概在今天的賽康商場對面。

當時，我對碉堡的興趣遠不如對各種人物的興趣。直到最近，一位退休多年的老先生對我回憶起他在一九五九年三月的遭遇，記憶中最血腥的一幕恰與這個碉堡有關。他說：

1. 遊鬥：文革時的一種批鬥方式，強拉被批鬥者遊走各處，輪番進行羞辱甚至毒打。

這是我父親在文革時的拉薩拍攝的照片，記錄了紅衛兵與積極分子遊鬥「愛國上層人士」的場景。照片右上角呈方形的房子，即金珠瑪米（解放軍）修築的碉堡之一。

「當時解放軍已經占領了拉薩的許多寺院。我是策墨林寺的僧人，才十一歲。我的上師和其他僧人一槍沒放，就被抓了，關進了旁邊的喜德扎倉。我因為年紀小，被解放軍釋放。當我從喜德扎倉出來，穿過馬路，去斜對面丹吉林那邊時，看見馬路上走著一家人，男人穿藏袍的懷裡裝著一個嬰兒，手裡搖晃著一根掛有白哈達的樹枝，女人一隻手牽著小孩子，另一隻手也舉著哈達。他們都背著朝聖者背的那種行李托架，看上去是從康區來拉薩朝聖的藏人。誰都知道揮舞白哈達是投降或乞求饒命的意思。可是，就從這個碉堡，金珠瑪米（解放軍）開槍了。一連串的機槍聲，把這家人連同孩子全都打死在馬路上。我也差點挨子彈，只是被牆擋住了，但這家人全被打死了，連孩子在內，這是我親眼看見的，一輩子也忘不了。」

我匆匆地記錄著，潦草的字跡猶如被震驚的內心。我問道：「當時拉薩有幾個碉堡？」

「很多。」老先生回憶著，「記得在色新拉扎（拉薩市第一小學）的兩個門口都有碉堡，朝向宇拓橋的大門口的碉堡很厲害，一圈鐵絲網都是帶電的，牛啊驢啊都有觸電死的。堅斯廈附近有四個碉堡。西藏軍區的周圍碉堡更多，記不清多少了。今天的拉薩晚報那裡也有個碉堡。其他地方還有。」

「這些碉堡都是解放軍修的嗎？」我問。

「差不多都是，」老先生說：「也有單位上自己修的。但解放軍修的碉堡都比較大，比較高，圓形的或者方形的石頭房子，牆上開著長方形的玻璃窗子，從外往裡看是看不清的。剛修好的時候，拉薩人都不知道是幹什麼用的。沒過多久，也就是五九年的三月間，所謂的『叛亂』發生了，解放軍把玻璃窗砸開，就露出了機關槍，這石頭房子就成了軍用碉堡，打死過很多藏人。」

最後，老先生又補充了一句：「這些遍布拉薩的碉堡，實際上就跟今天遍布拉薩的便民警務站是一樣的。只不過，那時候叫碉堡，今天叫便民警務站。」

我則想起，就在九月六日下午，是的，不是一九五九年，而是二〇一二年的九月六日下午，在拉薩市城關區附近的一個便民警務站，甘丹寺四十歲僧人索朗多吉進城看病，經過此處時被特警開槍擊中，不治而亡。有說是槍枝走火，但也有說是特警有意射殺。而這一幕與一九五九年那時候的一幕幕比較，何其相似。

憶二〇〇八年境外記者團進藏

在二〇一三年六月中，我們被軟禁之後的第三天[1]，《中國西藏網》報導〈六月十六日至二十日，以比利時記者協會主席安德烈．布伊茲（Andre Buiezve）為團長的比利時、丹麥、荷蘭記者採訪團來到西藏進行採訪。〉還說：「本次歐洲記者團早已不是第一批來藏採訪的境外記者。把境外記者請進來，讓他們用自己的雙眼見證西藏現在，是中國政府和西藏人民向外界澄清分裂勢力謊言，還原真相的舉措之一。」

這讓我想起五年前的兩個事件。

二〇〇八年三月二十六日，包括美聯社（Associated Press）、卡達半島（Al Jazeera）電視和多家港臺媒體等十七家媒體約二十多位記者抵達拉薩。這是三．一四之後，第一批中國境外媒體獲准進入西藏採訪，由中國國務院新聞辦公室主辦，全程都有中國官員陪同，便衣跟隨。

當時，拉薩街上的軍人大為減少，設在街頭的檢查站被撤，從十九到二十四日，連日頒發的通緝令暫停。但第二天上午，這些以外媒為主的記者在參觀大昭寺時，至少有三十

1. 軟禁事件：二〇一三年六月中旬，美國大使駱家輝、歐洲等國媒體的記者，在中共當局安排下先後參訪拉薩，其中有外交官與記者與唯色有聯繫，被中共獲知，之後唯色與丈夫王力雄被軟禁北京多日，他們回到拉薩時，在美大使與外媒參訪期間也被軟禁拉薩住處。

多名年輕僧侶公開表達抗議。結果，原本打算展示西藏多麼幸福、宗教信仰多麼自由的獨腳戲，穿幫了。

大昭寺三十多名僧人衝出佛殿，圍著記者們，用不太流利的漢語哭訴：「不，我們沒有自由！達賴喇嘛是無辜的……」「那些朝拜的人，都是幹部假裝的，都是騙人的……」，這一幕據報導大概持續了十五分鐘，中共官員們尷尬至極。

而去拉薩看「幸福西藏」大戲的記者們，終於看到了最具有新聞效應的驚人一幕，被當局操控的拉薩之行，轉瞬間使操控者原形畢露。而這一刻不但立即出現在許多國家的電視上，還出現在遮天蓋地的網路上。當時在YouTube上搜索Jokhang（大昭寺），前十頁至少有十多個相關短片。

數月後，又一個外國記者團訪問拉薩，其中的英國《衛報》（*The Guardian*）採訪了西藏自治區宗教局局長，詢問大昭寺那三十多位披露真相的僧人近況。宗教局局長否認說他從來沒聽說大昭寺發生過這回事，而「寺院的僧人對於政府的政策與照顧，都非常滿意，非常感激。」但事實上，這些冒著極大風險向外媒記者傾訴真相的大昭寺僧人，有兩人被捕了，有些人被還俗了，有些人雖然還在寺院，卻受著煎熬。

二〇〇八年四月九日，中國外交部組織外媒記者團到甘肅省藏區。在訪問拉卜楞寺時，二十多位僧人舉著自己畫的雪山獅子旗和寫的標語跑出佛殿，用藏語呼喊：「我們要求人權，我們沒有自由，我們要達賴喇嘛回來。」還用英語喊「西藏要自由」。

隨後，有十多個僧人逃走了，藏在牧場上，被牧民們掩護。但他們在跟外界用手機聯繫時，被當局監測到所在位置，於是深夜被突襲，僧人們四散而逃。有幾人逃脫，躲躲藏藏，後來逃到了達蘭薩拉。僧人桑傑嘉措在一年的顛沛逃亡中病故。還有兩人被捕，被判無期徒刑和十五年。

其中最慘的是三十七歲僧人嘉央金巴。會英語的他當時用英語喊「西藏要自由」。於當晚被捕。拘押十五天後放出來時，「不僅雙目失明且全身骨頭都被砸碎站不能站睡不能睡」，不到三年悲慘離世。

中共稱邀請外國記者團：「這樣的活動打開一扇窗，讓西藏人民有底氣、有理據地告訴世界『真實的西藏』。」此話沒錯，可當大昭寺僧侶、拉卜楞寺僧侶「有底氣、有理據地告訴世界『真實的西藏』」之後，為何會遭到迫害？慘死的嘉央金巴魂安在？

一九五〇年代「訪問」西藏的外國記者團

中共安排外國記者團進藏採訪是有傳統的。這是我在讀了中國藏學出版社近年出版的兩本翻譯書後得出的結論。並且，覺得應該問候一下：「扎西德勒（吉祥如意），老外同志！」

一本名為《一九五五年西藏紀行》（*1955 Tibet Travel Log*），原著俄文，作者是前蘇聯《真理報》（*Pravda*）記者奧夫欽尼科夫（Vsevolod Vladimirovich Ovchinnikov）。當時，在中國總理周恩來的邀請下，在外交部新聞司的安排與帶領下，包括蘇聯、東德、波蘭、捷克斯洛伐克等共產黨國家的記者，以及住在中國的幾位親中共的西方人，訪問了被「解放」的圖伯特。此書如同中國官媒的海外報導，用外國人的嘴講述了占領圖伯特五年的中共打算對世界說的話。

這個外國記者團在拉薩還見到了時年二十歲的尊者達賴喇嘛。如果此書所記錄的尊者的話屬實，那麼看得出這段短短的發言，其實只是在照本宣科。做為被占領者的代言人，實乃不得已而為之。

對宗教的仇視和貶低是共產黨人的特點。做為臭名昭著的前蘇聯共產黨中央機關報——《真理報》的記者並不掩飾這一點，他在看到布達拉宮壁畫所描繪的分布在全藏各處的寺院時，形容說「仿若病人臉上的痲子」。

另一本書名為《百萬農奴站起來》（*When serfs stood up in Tibet*），原著英文，作者是親中共的美國人安娜·路易斯·斯特朗（Anna Louise Strong）。早在日本侵華時期，她就前去延安採訪當時正休養生息，準備蓄勢待發的毛澤東及其軍隊，並得到毛的青睞。她於一九五八年定居北京。一九五九年夏天，在三月藏人的抗暴被鎮壓、藏人的政教領袖達賴喇嘛被迫流亡異國僅數月，經中國國務院特批，在外交部、《人民日報》的安排與帶領下，包括年已七旬的安娜·路易斯·斯特朗在內的十九名共產黨國家的記者或親共的西方人士所組成的記者團，訪問了被「解放」的圖伯特。記者團自始至終享受著各種特權，如書中所描述的去拉薩時乘坐「豪華型」專用飛機，訪問羅布林卡[1]時有數百名被安排來的藏人夾道歡迎等等。

因此，這本書根本不具備真正的新聞品質。既不客觀也不屬實，字裡行間全是中共宣傳部的「西藏之聲」。更荒謬的是，這位自我感覺極好的老婦人在講述三月間中共軍隊炮火鎮壓藏人時，竟說成是「叛亂分子的大炮開始了全面攻擊，布達拉宮、羅布林卡、拉薩制高點藥王山上火光沖天……」，她甚至把毀於解放軍炮火中的門孜康醫學院說成是「叛

1. 羅布林卡：藏語意為寶貝園林，位於布達拉宮西邊。為七世達賴喇嘛時期所修建的藏式風格園林，之後的歷代達賴喇嘛每年夏季皆會轉往此處辦公修行，被稱為達賴喇嘛的夏宮。

亂分子」所為。而她對獨具中共特色的「控訴大會」很是欣賞，這種由黨的幹部們發動的「控訴大會」充滿暴力，已經在中國各地奪去了無數被黨視為「階級敵人」的生命，又在藏地奪去了藏人社會中諸多中堅人物的生命。

需要補充的是，與今日中共安排外國記者團訪問圖伯特相比較，會發現不同的是如今來的記者基本上沒有共產國家的，世界格局發生了很大變化，前蘇聯變成了俄羅斯，東德變成了德國一部分，捷克斯洛伐克已分為兩個民主國家。中共若要邀請同一陣營的吹鼓手來訪問，只剩下古巴和朝鮮等屈指可數且無信譽的共產國家了。中共當然沒那麼蠢笨的，他們自會去邀請容易統戰或早有默契的非共產國家的角色。

但也有相同之處。比如五十多年前的訪問內容與今日的採訪對象幾無區別，都無一例外地，要採訪「苦大仇深」的「翻身農奴」，聽他們控訴萬惡的「舊西藏」，讚美幸福的「新西藏」。甚而至於，當年的採訪路線與今日的採訪路線都驚人的相似，如採訪某個獲得新生的貴族莊園，在那裡，有黨挑選的「翻身農奴」在恭候著他們，充滿幸福的笑容將為他們綻開。但其他更多的藏人是不可接觸者，正如羅馬尼亞作家諾曼．馬內阿[2]在《論小丑：獨裁者和藝術家》中的一句話：「……還要確保不能讓外國人發現我們這個天堂般馬戲團的祕密：避免和他們的任何接觸。」

事實上，當這兩個外國記者團進藏採訪時，全藏地或者正在醞釀發生甚至已經發生

2.諾曼．馬內阿：Norman Manea，1936–，羅馬尼亞人，五歲時被送入納粹集中營，在集中營內成長，二戰結束後回到羅馬尼亞，之後投身寫作。個人前半生的傳記《小流氓歸來》（*The Hooligan's Return*），於二〇〇六年獲得法國重要文學獎項美第奇（Prix Médicis）最佳外文作品獎，短篇故事集《論小丑：獨裁者和藝術家》（*On Clowns: The Dictator and The Artist*）一書，則是由隨筆集結而成。他的著作已被翻譯成二十多種語言，並在多國出版。現居於美國。

藏人慘烈的抗暴，或者正遭到中共軍隊以「平叛」的名義進行的大屠殺。據藏學家艾略特・史伯嶺對一幅關於一九八二年中國進行人口普查而產生的性別比例圖的分析說明：「……在整個圖伯特高原普遍的存在男女比例失衡，而事實上，唯一能解釋這種不平衡的原因只能是暴力鬥爭。」「由於無法自由獲得中國方面的紀錄，精確的死亡數字也因此不得而知。但是發生大屠殺的事實應該是毋庸置疑的。」

拉薩「紅衛兵墓地」與西藏文革疑案

二〇一三年七月的一天，我們去了與哲蚌寺遙遙相對的「烈士陵園」。在其周圍有幾個很大的軍營，如直屬成都軍區的西藏空軍指揮部，及其他不知名的軍隊。許多年前，這裡是鬱鬱蔥蔥的林卡（園林），可能屬於哲蚌寺或附近的乃窮寺。而今除了軍營，還有幢幢高樓將蓋成，問題是，房地產公司怎麼會在陵墓旁建社區呢？

當然這不會是古來有之的墓地群，而只能出現於這幾十年間。從網上搜得相關介紹說：「始建於一九五五年，重修於一九九一年」，「安葬著為和平解放西藏、修築川藏青藏公路、平叛改革、中印自衛反擊戰、平息拉薩騷亂和為西藏發展與建設英勇獻身的八百多位烈士，被命名為自治區級國防教育基地、民政部愛國主義教育基地」，「為弘揚愛國主義精神，拉薩烈士陵園將被打造成拉薩市的紅色旅遊[1]景區」，「已列入國家紅色旅遊經典景區項目中，總投資一千六百四十一萬元」。

所以我們去「烈士陵園」時，這裡正在大興土木，被稱為「紅色旅遊景區」的大工程由江西省金匯建設工程有限公司承建，掛在外牆上的「工程概況」牌子顯示將在十月底竣

1. 紅色旅遊：指與中國共產黨相關的歷史觀光景點，又稱「紅色經典旅遊」，以洗腦為主要目的。

工，從建設單位、設計單位、監督單位、監理單位、施工單位等多達十一個代表的名字中，只看到一個藏人的名字，其餘都是漢名。

據《百度百科》上有關拉薩「烈士陵園」的詞條介紹所述：「兩千多座墳墓被劃分在四個區域：烈士墓區、領導幹部墓區、一般人員墓區，以及『文革』墓區。其中的『文革』墓區位於烈士紀念亭西北隅。共有七十四個墓葬，主要是『文革』期間在大昭寺武鬥中死亡人員。」這段文字讓我驚訝，對於無數次去過這片「文革」墓區的我來說；對於調查並寫作了發生在西藏的「文革」歷史的我來說，所瞭解並看到的是這裡有十二座於「文革」期間在大昭寺武鬥中死亡人員的墓，埋葬的不是七十四個死者，而是十二個死者，他們都是紅衛兵，而且全都是年輕的藏人。

當然，在拉薩，死於文革武鬥中的人絕不止十二人或七十四人，也不全都是藏人或學生。在文革時代，藏漢等民族實現了歷史上從未有過的團結，由「親不親，階級分」細化為「親不親，派性分」，民族問題反倒顯得無足輕重。正如這十二位藏人紅衛兵，年齡從十七歲至三十六歲，女性三名男性九名，全都是被解放軍的子彈打死在大昭寺內外的，但也跟民族問題無關，屬於「文革」中的派性屠殺。

走在長滿了荒草的「文革」墓區，每座墓都殘破不堪，刻在墓碑上的字跡已模糊不清，我再一次逐個拍照，想起十三年前正是在此地，站在十二座年輕藏人的墳墓跟前，談

2.王力雄：一九三五年出生於中國吉林，漢人作家，對西藏等民族議題多有研究，著有：《黃禍》、《天葬：西藏的命運》、《我的西域，你的東土》等書。一九九九年西藏女作家唯色（本書作者），將其父親所拍攝的一系列西藏於文革時期的照片贈與王力雄，希望這批珍貴史料能幫助記錄西藏近代的歷史。王力雄收到後回覆：「這些照片再現了西藏一個被抹殺的時代，屬於應該恢復的西藏記憶。」並將照片還給唯色。在他的鼓勵下，唯色投身調查西藏文革時期的歷史，之後將相關評述與影像照片集結為《殺劫》一書，唯色與王力雄兩人也於二〇〇四年結為連理。

到讓他們喪命的卻模糊的往事，王力雄[2]鼓勵我依據我父親拍攝的西藏文革照片，寫一部關於西藏文革的記憶之書，來竭力復原歷史的真實面貌。

當時還能看得出來，這片墓地最初是受重視的，有高大的牆，十二座圍成圓圈的墳墓簇擁著一個小小的水泥廣場，廣場的中央設置有花臺和路燈，而且，每一座墓都工整、小巧，墓碑上還留有鑲嵌死者照片的位置。但如今這裡已經長滿了萋萋荒草，破裂的廣場堆積著牲畜的飼料，墓體裂縫，碑文不清，竭力辨認才依稀可見——第一行是「一九六八年《六·七》大召（昭）寺事件死難烈士」；其次是死難者的名字，籍貫和

拉薩紅衛兵墓地位於西郊「烈士陵園」。（拍攝於 2013 年 7 月，拍攝者 唯色）

年齡，如果是女性有特別注明；然後是「西藏自治區革命委員會 西藏軍區 一九六八年八月立」。

經過七年的調查與寫作，我瞭解這是西藏文革史上最震驚的血案之一。概而言之，被文革席捲的西藏自治區和中國各地一樣，也有起先「文鬥」繼而「武鬥」的造反派，分化為彼此水火不容，其實性質相同的兩大派：「造總」（拉薩革命造反總部）和「大聯指」（無產階級大聯合革命總指揮部）。被「造總」占據的大昭寺，三樓左側臨街的屋子是其廣播站，有數十名造總成員（多為居委會和工廠中屬於「造總」一派的居民紅衛兵、工人紅衛兵和積極分子，也有拉薩中學的紅衛兵）駐守。據說該廣播站的宣傳攻勢很猛，因此在一九六八年六月七日，遭到支持「大聯指」的解放軍攻擊，造成多人死傷。

但一九九五年西藏當局出版的《中共西藏黨史大事記》對此只有簡單的一句：「六．七拉薩警備區部隊進駐群眾組織控制的……大昭寺時，受到阻撓，發生衝突，造成傷亡。」

事實上這場血案中，被打死在大昭寺裡的有十人，打死在附近大街上的有兩人，平均年齡二十多歲，都是河壩林、八廓學等居委會的紅衛兵。當時耳聞槍聲的人，形容那槍打得「噠噠噠、噠噠噠」的。還聽見廣播裡聲嘶力竭地傳出「我們『造總』被槍擊了」。戰事很快結束，傷者比死者更多，都被亂七八糟地堆放在馬車上，推到藏醫院大門口。

在大昭寺發生的血案令拉薩譁然，甚至震動了北京，毛澤東和林彪均對此作出批示，批評軍隊「支一派壓一派」，西藏軍方有關人員因此向「造總」道歉，一些人被處罰。「造總」在其《紅色造反報》上予以詳細報導，專門製作印有毛澤東批示的毛澤東像章[3]，還舉行了大型的遊行活動。喪生的十二人則被隆重埋葬在拉薩「烈士陵園」內專門開闢的小陵園之中。

起先他們被追認為烈士，但一年後卻被說成死有餘辜，被挖開棺木，暴屍野外。在槍擊中受傷的廣播員的丈夫，接受我的採訪時回憶說：「當時我去看的時候，已經有五六個棺木被挖開了，屍體已經腐爛了，成了骨頭，生了蛆，蒼蠅在上面亂飛。有幾個屍體後來被他們的家庭認領拿走了，其他的，又重新埋回去了。本來藏族沒有埋葬的習慣，但是當時非得要這麼做不可，因為說他們是烈士，可是竟然又弄成那樣一個慘狀……」他語調哽噎，再也說不下去。

四十五年過去了，據說從未有人來這裡憑弔這十二個死於非命的紅衛兵。雖然藏人沒有上墳祭奠的習俗，但相關單位總應該在清明節祭奠「烈士陵園」其他亡者時到此看一看。然而，就像整個事件的來龍去脈從不見於任何公開文本，如今連「一九六八年拉薩六・七大昭寺事件」這一說法也都絕口不提，以至於事件本身幾近湮沒。而如今更是讓人掛慮：在擴建為「紅色旅遊景區」之後，這片紅衛兵墓地會被推平，還是猶存？

3. 毛澤東像章：造總所製的毛澤東像章，上面印著毛的批示：「軍隊領導不袒護部隊所做壞事，替受害人民伸冤，這是國家興旺的表現。」以此表示毛對「造總」的支持。

西藏文革照片所揭示的意義

二〇一五三月十一日，美聯社以〈保留歷史記憶的人們〉為題，報導了包括我在內，三位居住於北京，多年來盡力記錄、保存、公開共產黨中國黑暗歷史的民間人士。

報導說：「中共熱中於不斷強化自己書寫的中國歷史，……透過控制本國的課堂言論、博物館和書籍、以及公眾生活的其他領域，極為成功地抹除或淡化中共治下的歷史。」然而，被認為是「隱祕的歷史學家們」的一群人，則「憑一己之力去保留那些照片，去採訪目擊者，或是去收集檔案」，儘管「中國政府禁止大部分國內的歷史學家們這麼做」。

美聯社的記者來到我位於北京東郊的家中，目睹上百張「保留了歷史記憶」的照片。這些照片的原版都是我已去世的父親拍攝的，記錄了四十多年前被文化大革命席捲的拉薩等藏地被毀滅的景象。而這些照片則是我先生王力雄於二〇〇〇年初在北京祕密洗印的。

王力雄還帶著這些照片去見過尊者達賴喇嘛，在他的著作《與達賴喇嘛對話》中這樣寫道：「我和達賴喇嘛見面的時間安排在第二天，二〇〇一年的五月二十四日。……我在告別前送給達賴喇嘛一套記錄西藏『文化大革命』場面的照片。那是一個已經去世的藏人在文革中拍的。西藏留下的文革遺物非常少，所以這些照片很珍貴。達賴喇嘛興致勃勃地把每張照片都看了一遍。他認出了其中一些戴著高帽、畫著花臉挨鬥的人，是他過去熟識的貴族。其中有一張照片是紅衛兵扛著大幅的宣傳畫在帕廓街遊行，畫的是『翻身農奴』正在拿著大掃帚橫掃兩個小丑模樣的人，一個是達賴，一個是班禪。達賴喇嘛不時發出笑聲，但是在看到一個藏族特徵非常明顯的女紅衛兵正在揮著撅頭砸大昭寺金頂的照片時卻沒做出任何反應。由藏人動手砸供奉了千百年的寺廟，那段歷史始終是一個未解的困惑，即使對達賴喇嘛也是一樣。」

我告訴美聯社我是如何依據這些照片，在拉薩開始長達六年的調查、採訪與寫作。我採訪了七十多人，大多數是藏人，也有漢人和回族，或者是退休幹部、退休軍人、退休工人、居民，或者是還在其位的官員、仍在體制就職的學者、虔心侍佛的僧侶等等，但當年，他們中有紅衛兵、有造反派、有「牛鬼蛇神」、有「積極分子」……我帶著這些照片在拉薩走街串巷，祕密交談。逐漸地，一個被抹殺的時代得以再現，一段被埋沒的西藏記憶得以恢復。

「與強權的鬥爭就是與遺忘的鬥爭」。我說，「很多當事人都去世了，所以我覺得這是件很緊迫的事情。記憶對於人來說很重要，人在，記憶就在，人沒了，記憶也就沒了。」

而這也正是將這些西藏文革照片及相關紀錄結集為《殺劫》一書，在臺灣出版的意義。

「中國夢」裡有沒有藏人的夢？

抱有這樣的希望是不是合適？即中共新的領導人習近平將在西藏問題上有變化。許多人希望的是轉硬為軟，甚至不止於此，用類似外交辭令的說法，希望有「積極的變化」。

我很頭疼被人追問如何展望習時代的西藏問題。因為隨之而來的，往往會捎帶一些聽上去帶有感情的往昔故事做為注腳。在故事中，尊者達賴喇嘛二十出頭，習近平的父親習仲勳是正當壯年的中共高官，彼此似乎當時就結下了友誼。的確，尊者回憶過與習仲勳的交往，留下的是溫和、開明的印象。不過習仲勳曾被毛澤東稱讚「比諸葛亮還厲害」，而這也是與藏人有關。說來話長，總之他當時統戰成功，勸降抵抗的藏人首領項謙，毛於是將他與七擒孟獲的諸葛亮類比，而孟獲不正是少數民族頭領？歷史上有無此事眾說紛紜，孟獲下場如何不得而知，但項謙卻是在幾年後死於共產黨的獄中。

鑒於習近平的位高權重已無人能比，人們在預測他治理西藏的動向，除了分析他的亡父對尊者達賴喇嘛及十世班禪大師親善有加，還會說起他的年邁母親與歌唱家夫人彭麗媛都是「佛教徒」，還說彭麗媛「拜藏傳師」而這豈不是與西藏的關係更為親密？這麼不停地說啊說，似乎西藏的未來會因此而有一線甚至更多的光明。

可是真的會這樣嗎？中國文化的祖先孔子有句名言：「觀其言而察其行」。對於即完全掌握大權的習近平，十八大之後說得最多的可能是這句話：「實現中華民族偉大復興」。並將其濃縮為「中國夢」。我不認為這只是空想，因為他用標準的普通話強調：「何為中國夢？我以為，實現中華民族偉大復興，就是中華民族近代最偉大中國夢。現在比歷史上任何時期都接近這一目標。」

中共的傳統是每個領導人都有其綱領，鄧小平是「改革開放」，江澤民是「三個代表」，胡錦濤是「和諧社會」，而習近平應是「中華民族復興」。那麼「中華民族復興」與什麼息息相關？二〇一三年一月二十八日，習近平就釣魚島局勢的表態是強硬的。他說：「決不能放棄我們

布達拉宮前的「中國夢」宣傳畫。（拍攝於 2013 年 10 月，拍攝者 唯色）

的正當權益，決不能犧牲國家核心利益。任何外國不要指望我們會拿自己的核心利益做交易，不要指望我們會吞下損害我國主權、安全、發展利益的苦果。」而這個「核心利益」，毋庸贅言，主要指的是領土與主權。

已經有分析人士注意到習與前任不同的是以強調「中華民族復興」宣示民族主義立場；「中國夢」是一個中華大帝國之夢。放眼望去，老牌的帝國主義國家日落西山，而新興的帝國主義國家正在崛起。領土自主權乃重中之重，已在手中的決不放棄，不在手中的竭力攫取。事例有二：二〇一二年中國透過啟用新版電子護照，來宣示對於南中國海、中印爭議地區和臺灣的主權；而釣魚島之爭，使得習親任「釣魚島應變小組」組長，統轄軍隊、情報、外交及海監執法部門。

藏人也是有夢想的：尊者達賴喇嘛是以「中間道路」的方式來求得西藏的高度自治；但追求西藏獨立的意願也是逐日增多。在中共看來，「中間道路」是「變相獨立」，與「獨立」一樣罪不可赦，因為都關乎領土與主權，關涉中國的「核心利益」，這樣的夢想是必須要粉碎的。

儘管有人不相信習近平能「實現中華民族偉大復興」，認為「一個被剝奪精神和靈魂的民族是不會真正復興的」，但有個事實是清楚的，無論實現與否，這個「中國夢」裡是沒有藏人的夢的。

與《紐約時報》談檔案及紀錄片《檔案》

三月是西藏的敏感月，《紐約時報》於二〇一五三月十五日，發表了記者傑安迪（Andrew Jacobs）對我的專訪，內容是關於具有中國特色的「檔案」及紀錄片《檔案》。報導說：「有另外一種幾乎無形的社會控制機制，管束著數億城鎮居民。那就是檔案，即記錄著各種平凡瑣碎事情的個人文件。……檔案會被封存在黃褐色的信封裡，上面蓋有寫著紅色『檔案』字樣的印章……」

我有這樣的檔案，始於我的中學時代，止於我被國家權力從體制中驅逐。因這份檔案而產生的紀錄片《檔案》，由中國獨立電影人朱日坤歷時兩年多拍攝製作。二〇一四年八月，在瑞士舉辦的第六十七屆盧卡諾國際影展（Locarno International Film Festival）上，這部長達一百二十八分鐘的紀錄片首次亮相。之後迄今，已在溫哥華國際電影節、達蘭薩拉國際電影節、香港獨立電影節等多個國際電影節上映。至於拍攝過程，則是一個漫長的、跌宕起伏的故事，需要另寫一篇文章。

中國作家慕容雪村[1]也寫過與檔案相關的一篇文章：〈袋子中的中國人〉。介紹自上世

1. 慕容雪村：本名郝群，一九七四年出生於中國山東，為知名網路作家，二〇〇二年於互聯網發表長篇小說《成都，今夜請將我遺忘》，在網路有極大迴響，微博關注人數高達上百萬人，因關心公眾事務，對時政多有議論，被中共當局視為敏感人物，如今網路帳號已被註銷。

紀五〇年代起，數以億計的中國人都有一個袋子，裡面裝著他們的檔案。而這項制度的主要目的就是控制中國公民，主要由其檔案所屬的「單位」來執行，在中國人的生活中發揮著重要作用——工作調動、升職、入黨、遷徙、分房等人生大事都離不開檔案。很少有人能看到自己的袋子，只有政府和政府控制機構中的特定人士——某些黨員——才有權查看。與極權社會的許多祕密武器一樣，人事檔案系統的效用也在與日遞減，「死檔」、「棄檔」日益增加。儘管如此，人事檔案依然在中國人的生活中發揮著重要作用，這些裝著謊言的袋子甚至可能決定人的命運。

《紐約時報》的記者問我：「對外國人來說，很難想像有一份自己永遠都看不到的個人檔案會是什麼感覺。對普通中國人來說，又是什麼樣的呢？」

我說：「其實很多人都不知道檔案裡面寫了什麼，但是很多人的一生就被這個檔案改變了。我認為檔案是個可怕的東西，像一個隱形的怪物跟著你。這是極權國家的特色。我的檔案從高中時候就有了，我才十五歲，但那個時候我們並不覺得這樣的檔案很可怕。」

而我在紀錄片《檔案》中，閱讀這份檔案的感受也很奇特。我告訴《紐約時報》：「我讀的時候有一種很荒謬的感覺，非常荒誕。而且這個檔案讓自己返回過去，發現我們好可憐，才十五六歲的孩子，每個人都必須說同樣的話，都被格式化了，要愛祖國，愛共產黨。讀檔案的過程讓自己看見怎樣被訓練成一個機器，完全沒有個人意志，沒有自我。

黨的權力不讓你說真話，你怎麼能說真話呢？可我不想做機器，我想說真話。當你說了真話，黨就會不高興，所以我就被開除了。自從脫離了這個體制，我的心靈是自由的，我很開心。」

然而，離開了體制，並不是說檔案就此消失。就像《紐約時報》問我：「在你之前的檔案結束時，緊接著又出現了另一份檔案嗎？」其實這個問題讓我不舒服，我說：「這是必然的。而且另外這個檔案很豐富，因為每次警察找我，他們都做筆錄，嚓嚓嚓不停地寫，最後還讓我簽字。我說我不簽，我拒絕簽字。我想看到那個檔案，但只有等到共產政權崩潰的時候。我不知道我會看到什麼，也許看到會很難受。就像在東德，你會看到有那麼多人在舉報，甚至有你的親人，你的朋友。我二〇一四年回拉薩的時候，數了一下，我的親戚朋友被警察談話或者說威脅，光是拉薩，就有五十多人……」

VII

༄། །དག་ཞིང་གི་རྒྱབ་ལྗོངས། །

紀錄會成為一座「空中墳墓」

唯物主義者一廂情願的以為，只要死亡、燒成了灰燼，就會遺忘。但見證者的文字會是「一座由空氣築成、懸於空中的墳」。只要文字在，影像在，實際上是人心在，人性在，就會比作惡者更長久，而作惡者終會有覆滅之日。

向蒙難的至尊的僧侶們頂禮！

一位遠在康地、不曾見面的僧人輾轉帶話，讓我為他剛完成的書稿寫序。當我得知他是二〇〇八年被軍警從拉薩三大寺抓走、囚禁、驅逐的上千僧人之一，並在書中主要記錄了那段經歷，便應允寫序。事實上，這是我平生第一次為同族僧侶的紀錄之書寫序。

在序中，我轉述了一位有著同樣遭遇的喇嘛的問話。他先是問我：「有一天，中國政府會不會把全藏地寺院的僧侶殺的殺、關的關，使得每座寺院只剩下少數僧人？」我感到驚訝，就說不會的，因為這麼做，全世界都要抗議的，這是很大的罪行。我想說「反人類罪」，但我不會說藏語的這個詞。

結識多年的喇嘛並不相信我的話。他語氣低沉地說：「我覺得他們會這麼做。而且，全世界也不會管的。」他說，「你不記得了嗎？二〇〇八年那時候，拉薩三大寺的僧人們有些被打死了，許多人至今還在監獄裡。而我們，上千僧人被拿著槍的軍警從僧舍裡抓走，先被關押了一個多月，再被蒙上黑頭套，押到火車上，從青藏鐵路運到格爾木的軍隊監獄，一直被關押到奧運會結束，再把我們趕回各自的家鄉，從此我們成了沒有寺院、無處可去卻不得不到處流浪的可疑者。可是這麼大的災難，這個世界知道嗎？」

他說：「實際上，如果二〇〇八年那時候，把我們這麼多僧人在拉薩殺了，或者在格爾木殺了，我想這個世界也不會知道的，也不會發聲的。有了這樣的經歷，我總是這麼想，如果他們把藏地每個寺院的許多僧人都殺了，也不是沒有可能的。就像格爾登寺，又有僧人自焚的話，其他僧人和民眾都抗議的話，軍警就有理由開槍了。其實這樣的事情發生過。以後說不定屠殺的規模會更大，那麼格爾登寺就完了。」聽他說到這，我不禁落下眼淚。

是的，就在二〇〇八年，「三．一〇」、「三．一四」過了一個月後的半夜時分，哲蚌寺、色拉寺、甘丹寺，每座寺院都突然湧入數千個軍人，藏人警察與藏人幹部跟隨著，充當翻譯和幫兇。一夜之間，上千僧人失去了修行與生活的場所，從世俗的意義上，寺院本是他們的家。……我至今記得之後被關押在格爾木的僧人重新填詞的那首歌曲，悲傷地唱道：

色拉、哲蚌和甘丹
縈繞著黑蛇般的毒氣
災難就像浸入毒汁的海洋
無法再進行我的研修

三寶啊！護持我！三寶啊！快來吧！
溫暖大千世界的太陽啊
你再明亮的光芒
也無法照進我牢獄的窗戶
我心中籠罩著悲傷的黑暗
我的太陽啊！快來吧！我的太陽啊，不能再等了！
也許是前世隨業的命運
使年輕的我不幸落難
已失去了來去的自由
無法再回到嚮往的衛藏三大寺
命運啊！給予我們福報吧！
請示現理性的聲譽，我在等待來去的自由！

也因此，我要向經受了那次災難的僧人在依然苦難的境遇中寫作此書表示感謝，他以親身經歷記錄了圖伯特這半個世紀以來的黑暗歷史之一幕。無論如何，只要有了紀錄，就有了存在，就有了一點一點的真相，就有了同開槍虐殺的權力者鬥爭的可能性。

也因此，我們要向我們的三寶之一的所有僧侶表達深深的敬意。在漫長的歲月中，在過去、現在及未來，整個圖伯特大地為潔白的雪山所環繞，而圖伯特的內在精神則是絳紅色的，那是袈裟的顏色，那是僧伽的顏色，那是生命在犧牲的火焰中燃燒的顏色，並無可能被消滅，我為此頂禮再三，追隨並頌揚，銘記並感恩。

為何派工作組檢查僧人手機？

RFA（自由亞洲電臺）報導北京特派手機技術專家特別小組，自二〇一三年三月八日起對拉薩哲蚌寺、色拉寺、大昭寺、小昭寺、甘丹寺所有僧人的手機進行檢查，拉薩其他寺院在未來幾個月也會被依次檢查。凡發現僧人手機記憶體有「危害國家安全」的資訊或圖片，將會採取措施甚至拘捕之。

這就是說，到目前，從北京來的手機檢查工作組，仍在拉薩逐寺檢查僧人們的手機。照此看來，這種地毯式的檢查方式，幾無僧人能僥倖躲過。

如此大動干戈，僅僅是檢查僧人手機內是否存有「危害國家安全」的資訊或圖片嗎？我在推特上轉發了這個消息，並將我的疑問和盤托出，很快就有了回饋。

一位網友說：「只怕手機檢查工作組的任務是包括但不限於檢查幾張圖片吧，查不出問題，也能設置個後門程式，如果僅僅是為了幾張圖片，他們網路封殺就已經足夠了，犯得上費這麼大勁？」

一位網友說：「應該不是當面檢查，很可能檢查後，在部分手機中加料（如裝間諜軟體等），尤其是安卓用戶。這對於那些不熟悉手機安全的人很危險。」

當然不會是當面檢查。據報導，手機檢查工作組在每個寺院收集全部手機，集中檢查四五天，而這絕不會當僧人面進行檢查的。並且，往往工作組行動時，一起出動的會有全副武裝的軍警。通常僧人就一兩間僧舍，查個底朝天又不是沒有過，二〇〇八年三月以後就經常這麼幹。

我還問了，檢查手機是不是出於恐嚇的目的？

一位網友說：「除了恐嚇以外，更有可能是為下一步棋做準備，就是在某些地方的手機必須註冊過的才可以連線上網。」

二〇一二年三月十五日，中國官媒《中新網》有篇報導稱：「DCCI互聯網資料中心報告當中的一組資料顯示，百分之六十六．九的智慧手機移動應用（APP）在抓取使用者隱私資料，其中通話紀錄、短信紀錄、通訊錄是隱私資訊洩漏的三個高危地帶。報告稱高達百分之三十四．五的移動應用有『隱私越軌』行為，即在與APP本身功能毫不相干的情況下，獲取智慧手機使用者的敏感個人資訊……其中包括通訊錄、通話紀錄、位置資訊、短信內容等非常私密的個人資訊。」

一旦智慧手機被安裝了手機應用軟體，不但通話紀錄、短信紀錄、讀取連絡人號碼等個人隱私被監控，而且即便是及時刪掉通話紀錄和短信內容也無效，正如報導所說：

「APP的讀取行為，就相當於抄寫，先把你的內容讀取抄寫，等到連上網的時候再上傳到伺服器上，刪除手機內的這些資訊並沒有起到保護隱私的作用。」

總而言之，依憑國家權力針對某些地方的某些人群，統一收集手機，既為了檢查又可以恐嚇，更危險的是，可能會給每個手機安裝手機應用軟體，從而收集使用者資訊，使得使用者的隱私資訊在毫不知情的情況下洩密，如此一種布撒天羅地網的方式，等於是讓每個人隨身攜帶的手機都變成了監控自身的警察。

這之前，CCTV（中國中央電視臺）製作的關於藏人自焚的官方宣傳片中，被捕被判重刑的藏人多是因為透過QQ和微信發送自焚藏人的資訊，被當局掌握，進而遭到「嚴厲打擊」。而QQ和微信，無論是透過電腦還是手機使用，早被發現實際上就是替國家安全部門開了道「後門」。

多年前就有人這麼形容：「藏人的恐懼用手就可以感觸到」。現在，手機成了恐懼的化身，只要用手觸及，就可能惹禍遭殃，這顯然是一種國家恐怖主義行為，以國家手段借流氓軟體來進一步遏制藏人。

遭跨省抓捕的囊謙堪布尕瑪才旺

在康囊謙（今青海省玉樹藏族自治州囊謙縣），噶瑪噶舉[1]傳承的重要寺院——公雅寺的堪布尕瑪才旺（又稱堪布尕才），去成都辦理寺院事務期間，於二〇一三年十二月六日深夜突遭西藏自治區昌都地區的公安跨省抓捕，並被帶往昌都關押，已整整一個月。

從囊謙傳來的消息說，堪布尕才被捕與西藏自治區昌都地區昌都縣境內的嘎瑪寺近年發生的事件有關。囊謙縣與昌都縣相距不遠，公雅寺與噶瑪噶舉祖寺、藏傳佛教活佛轉世制度發源地——嘎瑪寺既同屬一個傳承，又只有一山之隔，從來都是非常親近的關係。而嘎瑪寺，自二〇一一年被駐寺工作組進駐便不得安寧，十八歲以下的僧人全都面臨被工作組驅逐出寺、強行還俗，出於憤怒和抗爭，這年十月二十六日凌晨，有年輕僧人將粗糙的土炸藥扔到了嘎瑪鄉政府院內，還張貼了反對駐寺工作組的傳單，從此嘎瑪寺災難不斷，兩位德高望重的堪布和一位經師被控「窩藏十名爆炸、縱火犯罪嫌疑人」而遭判刑兩年半，一百多位僧人被勒令離寺，人數不詳的僧人被拘捕和刑訊逼供，一位學經僧的父親曾經也是嘎瑪寺的僧人自焚，還有一些僧人逃離寺院，東躲西藏。最近獲悉，原本有三百多

1. 噶瑪噶舉：藏傳佛教噶舉派中的主要支派，由噶瑪巴杜松欽巴於十二世紀創立。藏傳佛教中的仁波切轉世制度，最早起源於此派第二世領袖噶瑪巴希。

名僧人的嘎瑪寺，如今只剩下六名年長僧人被允許留下，而駐寺工作組就有八人。

可能是這些逃難的僧人給堪布尕才惹下了今日被捕之禍。從最近傳出的有關六百多僧俗藏人為堪布尕才請願的視頻中可以看到，囊謙縣縣長帶副縣長等幹部在半路上阻攔請願藏人時，清楚地說道：「堪布尕才，在二〇一一年十月那時昌都（嘎瑪寺）出事之後，那邊不少僧人跑到這邊來了，跑到我們的寺院來了，堪布尕才把他們藏起來了。這些事情是要承認的……堪布尕才被抓了之後，僧人啊群眾啊你們都在喊都在鬧，但是我們沒有權力放他，以後也只有到了省裡才能處理這個事情……」

這位縣長還說：「我多次要求你們不要鬧事，沒有好處，第一對你們沒有好處，第二對堪布尕才沒有好處，第三將來對這個事情的解決也沒有好處。如果你們鬧大了，那就屬於警察要管的事情了，就要出動州公安局了，把你們弄到看守所了。如果是這樣的結果，就沒有希望了，任何人也沒有辦法了。」

這位縣長還說：「我們最近已經去過昌都了……我們是為這個事情去的。這個事情要依據中華人民共和國的法律來辦。我和朱書記一起去的，因為堪布尕才的事情，面臨著我們這個囊謙縣縣委書記、縣長還能不能繼續當下去的風險。在那裡，我們不是沒有說，也不是沒有做，但這是要根據國家的法律來解決的……」

那麼好吧，依據法律來辦吧。可是，十二月二十三日，擔任過嘎瑪寺被捕堪布洛珠繞

康囊謙公雅寺主持、堪布尕瑪才旺被捕前一個多月，在去康的雪山牧區弘法時拍攝。（拍攝於 2013 年 10 月底 寺院僧人提供）

桑的辯護律師——唐天昊律師，冒嚴寒和高海拔飛抵昌都，取得堪布尕瑪才旺家屬授權的法律委託書，隨即要求會見，卻被昌都警方拒絕。昌都警方起初不承認關押了堪布尕瑪才旺，後來才稱：「一、本案涉及危害國家安全；二、本案由昌都縣公安局承辦」，但仍未告知被關押何地，也未告知具體罪名。

在昌都兩天，唐律師未能見到他的當事人，為此致函昌都縣公安局，提出四點要求：「一、將犯罪嫌疑人尕瑪才旺移送至昌都看守所。二、依法向犯罪嫌疑人家屬送達相關司法文書。三、本辯護律師辦理貴局承辦的其他刑事案件，發現有嚴重的刑訊逼供，希望本案中的承辦警官依法訊問，若是有侵犯犯罪嫌疑人合法權益，本辯護人將依法控告相關人員，本辯護人將窮盡一切合法手段控告、舉報相關人員。四、若涉及危害國家安全，希望貴局批准，本辯護人會見尕瑪才旺。且將尕瑪才旺所犯罪名告知本辯護律師。」

十二月二十八日，囊謙公安將堪布尕瑪才旺寫的親筆信交給寺院。次日，寺院將這封信公布於眾，其中寫道：「本人由於這次不幸遭遇被關在昌都獄中……強烈希望任何人不要為我遭遇麻煩。聽說最近地方的公安警察與寺院僧眾、民眾之間發生了衝突，千萬不可發生類似事件。要有遠見，要思想開闊，與官員和有關部門維持良好關係，儘快解決當前狀況，恢復講經院和修行院等各項工作。」信的落款是：「玉樹尕才寫於二〇一三年十二月二十七日昌都看守所。」

以上事實都證明堪布尕瑪才旺不但被昌都公安跨省逮捕，而且人被關押昌都。然而，很諷刺也很無恥的是，十二月二十六日、二十七日，當美聯社記者打電話詢問昌都縣和囊謙縣當局及警方，他們全都聲稱對這一事件「不清楚、不知道，沒有這回事。」

甚至，為堪布尕才請願的六百多名僧俗藏人中，已有十六位僧人被拘捕。其中包括在寺院中擔任要職的僧人，如管家、會計等。玉樹州州長與囊謙縣縣長等幹部進駐公雅寺開展「法制教育」，對所有僧侶警告說，不會放過律師，也不會放過敢請律師的被捕者的家人，誰敢請律師就抓誰。

黨設計的藏傳佛教寺院模式

之前陸續披露的幾件事情需要重視：一、位於西藏自治區昌都地區昌都縣的嘎瑪寺，因牽涉二〇一一年十月底發生的一起輕微爆炸案，原有三百多名僧人，如今只剩六人；二、位於西藏自治區那曲地區比如縣的卓那寺，二〇一三年十一月起多位僧人被捕，所有僧舍被貼封條，整座寺院被關閉；之後，比如縣又有塔摩寺、熱丹寺被關閉；三、位於甘肅省甘南藏族自治州夏河縣的著名大寺——拉卜楞寺，上個月十三日由寺院管理會發紅頭文件，要求在三個月內全面清除在本寺學習的外來僧侶。

我曾在二〇〇八年底連續寫了這幾篇文章：〈「愛國主義教育」在藏地〉、〈又一場文革悄然席捲藏地寺院〉、〈在「法制教育」的背後〉、〈把寺院變成旅遊景點的用意〉、〈拉薩發生不為外界所知的「清洗」〉，事實證明，針對全藏所有寺院的圍剿，一直在有步驟、很全面地進行。正如我在二〇〇八年底寫過的，「中共當局正在對藏地寺院開展自文革結束之後最為嚴酷的清洗。但在中國的媒體上，卻根本不會見到對這類『黑箱操作』的報導。這是又一場席捲藏地的文化大革命。一九六六年的文革砸寺院砸佛像驅逐僧尼，留下一片怵目驚心的廢墟。而這場再度復甦的文革會驅逐真正的僧尼，只留下寺院軀殼，留下不得不失去勇氣和良心的僧侶。」

如果我們還沒有忘卻的話，應該記得二〇〇八年四月十日起，拉薩三大寺即哲蚌寺、色拉寺、甘丹寺都在深夜遭軍警突襲，上千名僧人從各自僧舍被抓走，幾乎都是來自甘肅、青海、四川、雲南等藏區（官方稱「四省藏區」）的學經僧。之後，他們被押送至格爾木的軍隊監獄，直至北京奧運結束才遣送各自原籍，從此禁止再回三大寺。

原本在三大寺學習的僧人有一半以上不是拉薩本地人。這是三大寺建寺以來長達五百多年的傳統，也是佛教延續兩千多年的傳統，包括漢傳寺院在內的所有僧團組織皆由來自五湖四海的出家人組成。迄今漢地寺院依然有各地僧人掛單學習，可是在拉薩三大寺的外地學經僧卻被武力囚禁與驅逐，這在藏傳佛教的歷史上是罕見的，近代惟有中共統治全藏地之後才頻仍發生。

如果我們還沒有忘卻的話，應該記得二〇〇八年在中國當局的網站上有一份正式的藏文文件，是由甘孜州州長針對甘孜州十八個縣簽發的決定，聲稱當局將會對有百分之十到三十的僧尼參加抗議的寺院實施這些措施：寺院裡的宗教活動會被停止，僧侶的行動將會受到密切控制；而且，寺院裡的僧尼也必須重新「再註冊」，凡未能通過「愛國主義教育」考試的僧尼會被開除，僧舍會被拆除。至於參加抗議活動的僧尼，輕則遣回原籍，進行「再教育」，重則將會被囚禁。

從二〇一一年起，西藏自治區一千七百多座寺院都有駐寺工作組，共約七千多名工作人員。而當局註冊在編的僧尼據官媒報導有四萬六千多。那麼，每一位駐寺幹部要管六至七位僧人嗎？問題是，做為噶瑪噶舉祖寺、藏傳佛教活佛轉世制度發源地的嘎瑪寺，目前所剩僧人比駐寺幹部還少。難道由西藏書記陳全國發動的「駐寺」、「駐村」運動，現已出動第三批人員接力，其目的就是要僧侶不斷減少、寺院最終被關閉嗎？

「四省藏區」的當局，同樣在對境內約十五萬以上的僧尼所屬的寺院進行圍剿。並非這些藏區當局向西藏自治區當局取經效法，這只能是出自最高當局的對藏強硬政策，實際上是毛澤東制定的「西藏政策」的繼續執行。毛說過：「宗教寺廟也需要進行改革。改革以後，有一個時期喇嘛可能要減少……宗教寺廟如何改革，我想你們應該考慮一個辦法。」（《西藏平叛後的有關方針政策》，一九五九年五月七日，《毛澤東文集》第八卷，人民出版社一九九九年六月第一版）而所謂的辦法，看來就是今天的嘎瑪寺模式、卓那寺模式、拉薩三大寺和安多拉卜楞寺模式，屬於黨設計的藏傳佛教寺院的模式。

記蒙冤入獄十二年的丹增德勒仁波切

於二〇〇二年四月七日，在康雅曲卡（今四川省甘孜藏族自治州雅江縣）被捕的丹增德勒仁波切[1]，蒙冤入獄已整整十二年。據悉，六十五歲的丹增德勒仁波切被關押在四川省達州市大竹縣的川東監獄。

以「爆炸案和顛覆國家罪」為名，由時任公安部部長的周永康裁定，被中共當局先判死緩後改無期徒刑的丹增德勒仁波切，是進入二十一世紀之後，國際上最知名並且受關注的西藏政治犯。而當時，丹增德勒仁波切的弟子洛桑頓珠被判死刑，並當即執行，淪為冤魂。

對於藏東康區成千上萬的藏人而言，丹增德勒仁波切是今生今世的精神支柱。正在牢獄遭受苦難的他，是籠罩在這廣大地區的人民心中難以承受的痛。這十二年來，當地幾乎沒有歡樂的節慶，多少老人在見不到他的遺憾中哭著離世。

這十二年來，三萬多藏人在一封封請願書上連署簽名、按手印，並派代表到人生地不熟甚至語言不通的成都、北京上訪，表示「我們無法承認對丹增德勒仁波切的判決，需要

1. 丹增德勒仁波切：一九五〇年出生於西藏康地，今四川省甘孜藏族自治州理塘縣，藏人，自幼出家為僧。三十二歲時偷渡至印度達蘭薩拉的哲蚌寺學習佛法，在此期間由達賴喇嘛認證為烏托寺的阿登彭措仁波切轉世。一九八七年返回理塘，積極弘揚佛法，熱心公益與環保活動，於藏東地區設立寺院、孤兒院、養老院，抗議濫伐及採礦。二〇〇二年被指控與四川成都天府廣場的爆炸事件有關，被捕並被判死緩。二〇〇五年改判無期徒刑。多年來，數萬藏人多次請願，國際人權組織對此亦多有撻伐。二〇一五年七月十二日突然亡於四川省第一監獄。

重新審理所謂的爆炸案」，許多藏人因此被抓、被打、被判刑，但至今仍不放棄，與受苦的上師共患難。

二〇〇七年，在當局主辦的大型賽馬會上，理塘牧民榮傑阿扎走上主席臺，對著話筒講到：「如果我們不能讓達賴喇嘛返回西藏，我們不會有宗教信仰的自由和快樂……必須釋放丹增德勒仁波切。」之後，他被判刑八年。

二〇一一年，雅江縣的藏人僧俗在大規模的集會上，公開抬出尊者達賴喇嘛和丹增德勒仁波切的巨幅照片，獻上哈達和思念的歌曲。丹增德勒仁波切在雅江縣柯拉鄉建的那蘭陀寺，多次在法會上公開供奉丹增德勒仁波切的法相。

沒有比這更堅持、更忠義、更絕望的救護了。成千上萬的藏人所銘記的是，丹增德勒仁波切從獄中帶話：「有些人說如果再提起我的案子，會讓我的處境更糟糕。就此而言，我已經墜入谷底，事情也不可能更糟了。所以，你們可以為我上訴和發起聲援活動。」

而在境外，每逢丹增德勒仁波切的誕辰日或受難日，無論在印度南部的哲蚌寺、甘丹寺以及其他諸寺，無論在紐約、倫敦還是全球各地的流亡社區，包括丹增德勒仁波切的眾多弟子在內的許多藏人，總是會聚集在一起，舉行祈福法會和抗議遊行。

但是，正如二〇一三年，在世界各地的親授弟子要求釋放丹增德勒仁波切的請願書上所寫：「這麼多年的……含冤牢獄生活，使仁波切的身心均遭受嚴重摧殘，而有關當局對仁波切所持的一貫強硬態度沒有任何改觀和轉變。」上個月，藏曆新年間，理塘縣縣委書記甚至當面警告丹增德勒仁波切的妹妹，不准去成都探監，即便請律師重新審理此案，也必須聽從當局安排，否則連她們也會被捕。

喇榮不是香巴拉

位於康北的色達喇榮五明佛學院在二〇一四年一月九日晚突發火災。當我打開微博，滿目都是烈焰飛捲的圖片，而我的眼前浮現出幾年前兩度去喇榮所目睹的一片佛國之邦的恢弘景象。

是的，喇榮五明佛學院於一九八〇年，由藏傳佛教一代法王——堪布晉美彭措創立，成為全藏修行僧尼最多的佛學院，也是在漢地最為知名的藏傳佛教學院，前來學習的漢人居士和出家漢人數以千計。也因此，喇榮五明佛學院不同於藏地諸多寺院與佛學院，擁有一些非常優秀的、精通藏漢兩種語言的弘法高僧，如堪布慈誠羅珠、堪布索達吉等尤為著名，在新浪微博上的粉絲都是幾十萬、一百多萬。

具有毀滅力量的火焰在黑夜裡的喇榮五明佛學院肆虐，從現場傳出的消息在微博上不斷更新：「覺姆（尼師）們住的房子被燒毀一百多間」、「覺姆們住的房子被燒毀兩百多間」。我也將這災難的消息轉發推特，卻意外地看到這樣的通知：「學院堪布（佛學博士）來消息！請大家刪除學院失火的消息和圖像資料，是防止被誇大、以訛傳訛和被利用，防止給學院弘法利生的事業帶來更大的障礙……」

沒有比這更悲哀的要求了。一位我認識的漢人女居士也在推特上給我私信，請我「儘快刪掉已傳播出的照片等資訊，不要擴大，以免消防部門以此為由關閉佛學院或製造障礙」，但我沒有應承。我不認為刪除這些訊息就能換得喇榮的平靜，我也不認為那藏在火焰背後的赤魔會因為舉世皆知而暫緩迫害的步履，雖然我希望好面子的它也可能暫緩片刻，讓苦難中的眾生在這飢寒交迫的時刻喘口氣。

微博上有漢人網友不解地說：「我反對刪帖，這和瞞報礦難有何區別？」這種說法不對。瞞報礦難是當局的行為，目的在於推卸責任，為了自保。喇榮的堪布們要求刪帖卻充滿不得已的苦楚，目的在於保佛學院。

有人問：「堪布們害怕什麼？」那麼，且容我簡述喇榮所經歷的最大災難是一九九九年至二〇〇二年間，有中共高官認定修行者眾的喇榮是孕育反叛的基地，於是幾千間僧舍被夷為平地，無數修行人被驅逐，一些修行人甚至悲憤而死。法王晉美彭措因此患疾，幾年後黯然圓寂。實際上，喇榮五明佛學院儘管聲譽卓隆，卻一直是如履薄冰。當局幾次尋釁企圖關閉，但因佛學院上上下下克制謹慎、逆來順受，並不好下手。

而在離喇榮不遠的色達縣，這幾年在燃遍藏地的以自焚表達政治抗議的火焰中，就有兩位藏人自焚，其中一人是與喇榮屬同一個寧瑪[1]傳承的朱古（二十五歲的朱古竹欽澤仁

1. 寧瑪：是藏傳佛教流派之一。寧瑪為藏語，古、舊之意，在各派中歷史最久，尊奉蓮花生大士為始祖，中心教義為「大圓滿法」。

於二〇一三年二月十三日在尼泊爾加德滿都自焚犧牲）。二〇一二年中國新年春節初二，數百名色達藏人在金馬廣場呼喊口號，拋撒隆達[2]，要求自由與人權，遭軍警開槍鎮壓。而因記錄抗議被捕、被判重刑的作家崗吉・志巴加就是色達人，鄉村教師。與色達縣同屬甘孜州且相鄰的爐霍縣、甘孜縣、道孚縣，幾年來也連續發生請願遊行、自焚等抗議並被當局鎮壓；與色達縣不屬一省卻也相鄰的青海省果洛州，也有三位藏人悲憤葬身於火焰。

喇榮並非現實中的香巴拉[3]或一塊世外桃源，可以獲得靜心修佛的豁免權。我想沒有人會比喇榮的堪布們更清醒地認識到不斷迫近的危險，所以會憂心忡忡地要求刪除有關喇榮失火的訊息。然而對此我有不同看法。既然喇榮並非香巴拉，刻意營造出一塊與世無爭的淨土就顯得十足虛幻與脆弱；既然喇榮是在飽經磨難的圖伯特土地上，被圖伯特的陽光、風霜、白雪時刻眷顧，當整個圖伯特都在蒙受一劫接一劫的災難時，如何可能只一個喇榮獨善其身？

2. 隆達：藏語，意指印有佛教經文的五色布幡或紙張。在藏語中，隆為馬，達為風，因此又被稱為馬風旗。

3. 香巴拉：是梵語「極樂世界」（Sham-bha-la）的音譯。香巴拉是藏傳佛教所說的淨土，為時輪佛法的發源地。詹姆斯・希爾頓（James Hilton）小說《消失的地平線》（*Lost Horizon*）中的香格里拉，可能源自這個傳說。

記生死大逃亡的果洛久美

前些天接到的陌生電話，就像是二〇一二年九月底接到的那個電話，也是用安多藏語急匆匆地告訴我果洛久美的消息。那次是說果洛久美被捕了，這次是說果洛久美已逃至加嘎（印度）。從二〇一二年九月至二〇一四年五月，間隔整整二十個月的消息，每次都讓我猝不及防，前者令人悲傷，後者令人驚喜。

在長達二十個月的時間裡，因為甘肅省公安廳於二〇一二年十一月二十七日下發的通緝令，使得果洛久美的生命面臨最真實的危險。那張蓋著大紅印章的通緝令，或者張貼在果洛久美所屬的拉卜楞寺，或者以手機短信的方式發給不計其數的使用者，指控果洛久美「涉嫌故意殺人犯罪」，聲稱將對舉報者給予二十萬元的重賞。

「涉嫌故意殺人罪」是可怕的罪名。據知，當局對果洛久美的這一指控與藏人自焚抗議有關。自二〇〇九年以來，一百三十五位自焚藏人中甘肅省藏區有二十九人自焚，其中，拉卜楞寺所在的夏河縣有十六人自焚，是繼阿壩縣之後自焚藏人第二多的地方。而二〇一二年的三月——布滿多個紀念日的「敏感月」，與十一月中共十八大召開期間，藏人以自焚表達政治抗議和訴求達到高峰。因此，中共當局下發相關文件，其中稱「組織、策劃、煽動、脅迫、引誘、教唆、幫助他人實施自焚的……以故意殺人罪追究刑事責任」。實際上已有多位藏人被定「故意殺人罪」，而被判死緩、無期或十多年重刑。

欲加之罪，何患無辭！與果洛久美一起拍攝記錄藏人真實心聲的紀錄片《不再恐懼》的當知項欠（又譯頓珠旺青），於二〇〇八年三月以「煽動分裂國家罪」被判刑六年，至今尚未出獄。與果洛久美同名、且同屬拉卜楞寺的喇嘛久美，二〇〇六年至二〇一一年歷經四次被捕，遭刑訊逼供，最後一次被捕以「煽動分裂國家罪」遭祕密關押，至今情況不明。做為出家多年、修行有為的僧侶，做為對尊者達賴喇嘛、對藏民族深懷忠誠和信念的藏人，做為因拍攝紀錄片而屢屢被拘捕的紀錄者，當全藏區發生被國際社會認為「是近代史上最強大的政治性的自焚抗議浪潮」時，果洛久美因相關紀錄而被指控犯有「故意殺人罪」是極其荒謬的。

在長達二十個月的時間裡，外界對果洛久美的下落完全不明。有傳聞說他已被害。有傳聞說他四處逃亡。有傳聞說他藏在雪山深處的洞穴裡。我一概都不相信或者說不敢相信。因此當聽到突如其來的電話告知他抵達印度，我也是半信半疑，直到從網上見到戴著哈達的他與達蘭薩拉的藏人們的合影。

難以想像果洛久美是怎樣一步步地逃離如同監獄般的藏地，又是怎樣一步步地靠近象徵自由與信仰的達蘭薩拉，這漫長而危機四伏的逃亡之路，實際上就是生死大逃亡。然而，正如在果洛久美逃亡時卻不期而至的高度評價——來自致力於保護記者免受迫害並推進新聞自由的政治性國際非政府組織「無國界記者」（Reporters without Borders），授予果洛久美「一百位新聞自由英雄」的稱號，讚譽他以及全球其他共百位的英雄，憑藉著非凡的勇氣，即使面臨生命安危，仍堅持捍衛言論的自由。

這一實至名歸的褒獎給得正是時候。

記被判刑五年的喇嘛久美

於二〇一一年八月間被捕、被祕密關押的拉卜楞僧人、原拉卜楞寺寺管會副主任久美，被定「涉嫌煽動分裂國家罪」。據來自境內的可靠消息報告，二〇一四年九月五日在蘭州舉行了二審開庭，當局指定了當地律師，喇嘛久美被判五年有期徒刑。但關押何處監獄，目前尚不得知。

喇嘛久美是一九六六年出生於甘肅省甘南州夏河縣九甲鄉錄堂村的農家，十三歲到安多拉卜楞寺（位於今甘肅省甘南藏族自治州夏河縣）出家為僧，法名久美江措，身分證名久美，別名久美果日。曾擔任「喇嘛樂隊」隊長、拉卜楞寺喇嘛職業學校校長、拉卜楞寺寺管會副主任。

從二〇〇六年至二〇一一年，五年間，喇嘛久美歷經四次被捕：

第一次，與二〇〇六年一月去印度接受尊者達賴喇嘛傳授時輪金剛灌頂並得到尊者接見有關，四月被甘南州公安局抓捕，關押四十多日後獲釋。被沒收現金上萬，這筆錢是受流亡美國的阿嘉仁波切委託，用來縫製帳篷的籌款，至今仍未歸還。

第二次，與二〇〇八年三月在夏河縣爆發的藏人抗議有關，喇嘛久美被當局懷疑是策劃者、組織者，從三月二十二日起，被無端拘捕、刑訊逼供一個多月，毒打至昏死，被送往臨夏市解放軍第七醫院搶救並治療一個多月，後以「取保候審」的名義回到寺院。

第三次，與二〇〇八年十月，美國之音藏語電視節目播出喇嘛久美長達二十分鐘的視頻有關。他用真的面孔真的聲音真的名字披露西藏被壓迫的真相，呼籲國際社會關注西藏人權狀況，激起很大反響。十一月四日他從僧舍被七十多個軍警抓走，遭關押長達六個月，後在北京維權律師李方平、江天勇的介入下獲釋。

第四次，喇嘛久美的事蹟在藏區廣為流傳，他被藏人們視為民族英雄，尊稱他是「拉讓久美」，而「拉讓」指的是包括拉卜楞寺一帶的地區。二〇一一年八月二十日，他在臨夏市被捕，五十多位軍警搜查了他在拉卜楞寺的僧舍，他的電腦、手稿等被沒收。二〇一二年一月一日，甘南州公安局簽署「逮捕通知書」，喇嘛久美被定「涉嫌煽動分裂國家罪」，羈押在合作市公安局看守所，後被關押在蘭州市的一所祕密監獄，而其家人從北京聘請的兩位人權律師被當局拒絕。

喇嘛久美第四次被捕迄今三年多來，家人只見過他一次。二〇一一年十一月四日，他的哥哥索南才讓帶著老母親做的食物，從夏河坐車八十多公里去州府合作市探望喇嘛久美。整個會面過程只有十多分鐘，喇嘛久美顯然是出於讓哥哥瞭解他的狀況和思想，對著警察說了許多話。

他說：「如果他是來看我的，那麼你們為什麼要對一個私人探訪進行錄影、拍照？你們是不是想把這些材料散布出去，然後說久美過得很舒適，被照顧得很好，還能和家人見面？我告訴你們，我不需要有人送吃的，不需要我哥哥來看我，也不要住在賓館裡。如果你們認為我是罪犯，那麼就把我送上法庭接受審判。如果我犯了罪，那麼我會欣然接受對我的判決，哪怕是死刑。」

他還說：「你們說我們不能為尊者達賴喇嘛祈禱，但是沒有藏人不信仰尊者達賴喇嘛和班禪喇嘛。如果你們找出一個藏人不信仰達賴喇嘛尊者和班禪喇嘛，他一定是和你們一樣的人。……所有的民族和個人都對他們的文化傳統保有驕傲和自豪，漢人也一樣。如果有人不對他們自己的傳統感到驕傲，那麼就意味著這個人已經迷失了。我是一個深切尊崇西藏傳統的人，同時下決心弘揚西藏文化。」

喇嘛久美只對哥哥說了一句話：「為我上訴……找一個好律師，控告這些警察！我是一個受到迫害的人。」

據悉，二〇一二年六月間，喇嘛久美案舉行了一審開庭，當局指定了兩位當地律師。另外得知的是，喇嘛久美身體狀況不好，曾在蘭州一家醫院治療過。

喇嘛久美被祕密關押三年多，一直情況不明，讓許多藏人擔憂。化名為博賽的藏人作家在〈阿卡[1]久美在哪裡？〉一文中寫道：「我們的英雄拉讓久美你在哪裡？在哪裡炫耀著勇氣的粗肩膀？在哪裡咆哮著正義的怒吼聲？你什麼時候會像雪山獅子一樣，從雪山深處走來？」喇嘛久美的母親很堅強，對喇嘛久美的朋友說：「久美不是為了自己而被捕的，是為了一個民族而被捕的。」

而今，獲悉喇嘛久美被判刑五年的結果，充分說明：這是具有影響力的藏人名僧蒙冤遭難的又一起案例。這也是二〇〇八年全藏地爆發抗議以來，不計其數的藏人菁英受到迫害的又一起案例。並且，與所有案例相同，不能得到正常的法律援助，無法進入公正的司法程序。

1. 阿卡：阿卡是安多藏語的僧人之意。

被取消的「沖拉亞歲」不會消失

早在七世達賴喇嘛時期，拉薩東邊噶瑪貢桑南側的一塊地方，建供奉尊者出生之神的小廟「沖拉神殿」，神殿所在之地於是得名「沖拉」。傳統上，在達賴喇嘛誕辰之日，政府與民間會在此處隆重舉行慶典：煨桑[1]、燃香、頌歌、祈禱，並拋撒糌粑，以示吉祥如意。拉薩市民傾城而出，相互撒糌粑，高聲喊著：「嘉瓦仁波切古次赤洛旦巴休」（祈願尊者達賴喇嘛永久住世），「嘰嘰嗦嗦拉嘉羅」（神必勝），一片喜氣洋洋。這一習俗稱之為「沖拉亞歲」，已有近三百年的歷史。

沖拉地方屬七世達賴喇嘛家族莊園，百姓以農業為主。一九五九年後被外來政權定名「沖拉村」，成了城關區納金鄉的一個村；這個政權同時強行取消了「沖拉亞歲」這一傳統節日，以表示對「叛亂分子」的憤怒。一九八〇年代，隨著文化大革命結束，西藏宗教與文化艱難恢復，沖拉亞歲也再度復興。每逢尊者達賴喇嘛生日，依從傳統的慶賀儀式格外隆重，整個拉薩都沉浸在撒糌粑的快樂中。

一九九九年，當局再度強令取消「沖拉亞歲」，並將沖拉村更名為塔瑪村，意即紅旗

1. 煨桑：屬西藏民俗，焚燒松柏枝進行煙貢，有宗教意義。

村。不過呢，《西藏日報》是這麼說的：「……從上世紀八〇年代末，民主改革後已經銷聲匿跡的『沖拉亞歲』非法活動死灰復燃，成為西方反華勢力的幫兇。」「廣大幹部、職工、僧俗群眾對這一非法活動十分不滿，強烈要求人民政府予以取締。一九九九年，政府取締了『沖拉亞歲』非法活動後，全村人集中精力搞經濟建設，先後開辦了旅館、農家樂、花卉市場、沙石場等村辦企業。群眾一致要求將此前不光彩的村名『沖拉村』改為『塔瑪村』。『塔瑪村』，藏語意為『紅旗村』，村民們的意願是：『一心要跟共產黨走，把日子過得紅紅火火。』」

更荒謬的是，出於打算抹掉歷史、遮蔽記憶的目的，如今連「沖拉」的原址都被消失了，因為那裡已經成了西藏大學的新校園，而沖拉村的村民，也已被遷往取名為「塔瑪社區」的他處，《西藏日報》稱「已成功地從村民轉為居民的塔瑪村人……擺脫了過去不光彩的歷史」。

記得二〇〇一年七月六日，我與王力雄騎自行車去了沖拉村，見到村口的警車，貼在樹上的禁令，而過去舉行慶典之處，已被一圈壘起的土牆嚴密包圍，不可能進去。那是夕陽時分，遠遠地望了一會兒土牆裡那樹木茂密的一片，佯裝遊客的我們留影、離去……

感謝佛法僧三寶，贈與我們無以替代的幸運和恩情，嘉瓦仁波切千諾（尊者達賴喇嘛，請護念我）！雖然沖拉村被消失了，但是「沖拉亞歲」卻不會消失，因為我們都已目睹，全世界都在尊者誕辰日這一天，以各種方式歡度「沖拉亞歲」。

來自境內祈祝尊者八十大壽的視頻

二〇一五年圖伯特藏曆木羊新年與中國農曆春節相撞同一天，即西曆二月十九日。第二天，從臉書上看到一個來自境內藏地的視頻。確切地說，來自安多阿壩（今四川省阿壩藏族羌族自治州阿壩縣）。

我如何用文字來描述這個令人驚訝、令人鼓舞的偉大視頻呢？它展現的是在阿壩縣四十二座藏傳寺院之一的賽格寺，屬於覺囊派重要寺院，位於阿壩縣城以東一公里的哇爾瑪鄉，在藏曆新年第一天，迎來了超過三千多位的藏人。這麼多的男女老少，穿著藏裝，捧著哈達，排著長隊，以恭敬而莊重的姿態，由穿絳紅色袈裟的僧侶引向供奉在主殿前的法座。而華麗的法座則供奉著尊者達賴喇嘛的巨幅法相，看上去與尊者本人等身大小，就像是尊者穿法會袈裟，安坐法座，微笑注視著每位虔敬奉獻哈達的藏人。場面宏大，哈達敬獻法相，激動的男女老少念誦祈願文，祈願嘉瓦仁波切[1]永久住世，早日返回雪域。並向空中拋撒隆達（經幡），印有祈禱經文的五色紙片紛紛揚揚，伴隨著呼喊「博加洛」（西藏必勝）的聲音，以及牧民們呼喚勝利而發出的「嘎嗨嗨」。

1. 嘉瓦仁波切：意為解脫煩惱的法王，是藏語對尊者達賴喇嘛的敬稱。

我有點緊張。因為這「嘎嗨嗨」的呼嘯聲，在二〇〇八年三月的抗議中曾經響徹拉薩、康區和安多，被中國官媒形容為「狼嚎」，甚至有藏人僅僅因為喊過「嘎嗨嗨」而被捕判刑。

在現場拍攝視頻的藏人向外界介紹說，這是一個無比勇敢的表達崇敬和效忠的公開行動，以慶祝尊者達賴喇嘛於二〇一五年安享八十大壽。圖伯特本來就有慶祝佛法上師與父母長輩八十大壽的傳統。尊者達賴喇嘛是圖伯特的至尊依怙主，尊者的八十大壽是所有虔信藏人生活中的大事。於是在新年第一天，由安多阿壩藏人啟動了向尊者表達崇敬和效忠的慶祝大典。其實包括安多和康的許多藏地，即位於今中國行政區劃的青海、甘肅、四川三省藏地，不少寺院與鄉村，諸多藏人家庭，都在舉行不同形式的祝壽活動。

但在新年前，據青海和甘肅藏區的藏人披露，中國當局已經由上至下地傳達禁令。其中一個發布在網路上的消息說：「村委書記告訴我們，上級領導說：『今年（二〇一五年）是嘉瓦仁波切八十大壽，可能藏人會捐錢之類的。你們千萬不要幹這種事，誰做了就抓誰。』有意思的是，就這樣讓我讓這些無知的村民知道了今年是（尊者的）八十大壽。全場沉默不語，相信一定在祈禱長壽。」

而賽格寺，記得二〇〇八年六月初我曾到過這座寺院，一片空寂。一位老僧告訴我，在三月的抗議被鎮壓中，阿壩縣城裡打死二十九人，賽格寺附近打死一人，格爾登寺有兩個僧人自殺，果芒寺有一個僧人自殺。一個阿壩青年告訴我，賽格寺有一百多僧人被拘捕。而二〇〇九年三月一日，賽格寺有五十多位僧人舉行過抗議。從二〇〇九年迄二〇一五年的一四〇位自焚抗議藏人中，以阿壩縣最多，為三十七人。令人傷悲的是，二〇一五年三月五日（即藏曆木羊新年一月十五日）夜裡，阿壩縣的四十七歲牧民婦女諾秀自焚犧牲，她在自焚之前供奉千元、花朵給寺院，祈求為尊者達賴喇嘛永久住世並早日返回西藏舉辦祈願法會，她有父母、丈夫及兩個女兒、一個兒子。至此，藏人自焚一百四十三人。

紀錄會成為一座「空中墳墓」

這人世上，可能再也沒有比將死者的骨灰從其親屬手中奪走，聲稱要把骨灰倒入滔滔奔流的大河中，更毫無人性的罪惡了。何況，這是一位蒙冤被囚十三載並在獄中突然死亡的佛教高僧的骨灰！是的，是丹增德勒仁波切的骨灰。

據悉，二〇一五年七月十六日夜，當局官員在軍警簇擁下，要求攜帶丹增德勒仁波切骨灰返回康區的四位藏人交出骨灰。而這四位藏人是兩位喇嘛、兩位仁波切的親屬，他們從當日早晨獲准留在仁波切的遺體被強行火化的現場，就與外界失去聯繫，直到第二天，即十七日很晚才有消息傳出。但卻是一個令人震驚的消息：仁波切的骨灰被搶走了。

有關丹增德勒仁波切的死訊是突然由監獄方面通知給親屬的，那是七月十二日深夜。而他的親屬為探監已在成都苦候十日。受到極大震驚的親屬自然要將噩耗告訴苦苦期盼仁波切的僧俗信眾。這是必須要告訴的，親人去世，家人豈可不知？何況是自己的上師圓寂，虔誠的信眾有知情權。

七月十三日，在丹增德勒仁波切的家鄉與寺院，悲痛的信眾們要求當局交代上師的死因。但是軍警開了槍，至少二十多人受傷，住進了醫院。

我曾寫過：「以『爆炸案和顛覆國家罪』為名，由時任公安部部長的周永康裁定，被中共當局先判死緩後改無期徒刑的丹增德勒仁波切，是進入二十一世紀之後，國際上最知名並受關注的西藏政治犯。」這幾日來，美國、英國、加拿大等政府，歐盟等國際組織，紛紛譴責中國政府的行為，如一位英國議員所說：「此刻中國的手上染著他的血跡。」路透社（Reuters）、美聯社、BBC（British Broadcasting Company，英國廣播公司）、《紐約時報》等著名媒體，也持續報導。

而在四川省，這個一手迫害丹增德勒仁波切的淵藪之地，是如何對待仁波切的親屬所提出的歸還遺體，按照西藏傳統葬俗來處置後事等等正常要求的呢？依照中國政府的《監獄法》、二〇一五年新頒布的《監獄罪犯死亡處理規定》，其相關規定如「死亡罪犯係少數民族的，屍體處理應當尊重其民族習慣，按照有關規定妥善處置」，乃白紙黑字，有據可憑。

然而，事件真相是如此令人髮指，令人無法相信這是表示要「依法治國」的政權的叫做所為。

丹增德勒仁波切的遺體於三天後被強行火化；而火化並非在殯儀館進行，卻是在關押仁波切多年的祕密監獄進行。火化之後，先是承諾將骨灰交給留在火化現場的四位藏人，而四位藏人帶著骨灰在警察押送下返程的當晚，卻被官員們以國家的名義搶奪，聲稱要倒入大渡河水之中。而這種行為，與漢人文化中最不齒的挖祖墳、搗毀遺骸的行為沒有區別，甚至更為邪惡！

由法國作家克洛德・穆沙（Claude Mouchard）所著，一本講述二十世紀的見證文學的專著——《誰，在我呼喊時》（*Qui si je criais…?*），譴責法西斯：「它將毀滅你，直到你的墳墓。好讓任何人都無法知道，世上曾有你這麼個人存在過。」「在政治恐怖的狀態下……毀滅機制中重要的一環就是抹平痕跡，包括受害者的痕跡，和屠殺本身的痕跡。」然而，見證者的文字是「一座由空氣築成、懸於空中的墳。每一次，當一篇作品寫到無名狀態下的死亡，這座墳墓就顯現出來。」

貌似無所不能的強權者，不允許丹增德勒仁波切的存在，以為將他囚禁，死亡，燒成了灰燼，連灰燼也隨波逐流而去，成千上萬的藏人就會忘記他，像忘記一件丟失的東西，這實在是唯物主義者的一廂情願。紀錄會成為一座「空中的墳墓」。只要文字在，影像在，實際上是人心在，人性在，就會比作惡者更長久，而作惡者終會有覆滅之日。

VIII

༄༅། །དག་ཞིང་གི་རྒྱལ་ཕྱོགས། །

僅靠幾萬張境外選票是不夠的

與尊者達賴喇嘛無可置疑的合法性不同，境外政治領導人如何在尊者達賴喇嘛退休後建立代表境內六百萬藏人的合法性，始終是重大課題，同時也是境外西藏的生命所在。對此，僅靠幾萬張境外選票是不夠的。

時輪金剛灌頂法會的意義

此刻，在佛陀覺悟的佛教聖地菩提迦耶，尊者達賴喇嘛正在主持時輪金剛灌頂法會。於佛教信徒而言，法會之殊勝無可比擬。報導稱有五十萬以上的信徒雲集，在歷經三十二屆的時輪金剛灌頂法會中，是人數最多的一次。無數人千里迢迢，冒著極大風險趕去參加，如從境內藏地去的上萬名藏人，以及從中國去的上千名漢人。尊者因此在法會一開始即強調，境內藏人以及中國人是主要受眾。

實際上，當這屆法會舉辦的消息公布之後，安多、衛藏和康便沉浸在祕密的期待與準備當中。如果境內藏人可以像漢人那樣輕鬆地獲得護照，那麼前往菩提迦耶接受佛法甘露的絕不只有上萬人。然而，在因二〇〇八年的抗議而遭嚴酷壓制的今天，能有上萬人持護照朝聖實屬難得，儘管這當中老年人居多，康和安多的藏人居多，如雲南迪慶州的藏人就比鄰省甘孜州的藏人多。無論如何，當局給老人發護照並默許他們去聆聽尊者法音，應該被視為良心之舉。

世界級電影大師韋納·荷索（Werner Herzog）拍攝過十年前在菩提迦耶和奧地利舉

2012 年 1 月在印度菩提伽耶舉行的時輪金剛灌頂法會。（拍攝者 網友）

行的兩次時輪金剛灌頂法會。面對僧侶用彩色沙子再現時輪金剛壇城[1]，荷索表示很難理解其意義，尊者含笑說道：「曼陀羅是一幅關於內心世界的圖像，象徵了我們的身體和宇宙……每一個國家都相信自己的國家是世界的中心，歸根到底，我們每個人都是宇宙的中心。」當彩沙形成的壇城完成了再現的使命，尊者用金剛杵親手摧毀之，而重又歸為彩沙的已非彩沙，將傾入源遠流長的河水中，帶去的是這樣的願望：「所有的宗教都宣導愛、憐憫，寬恕、寬容、知足、自律，這些是身為人的必備特質，與你信不信教無關，因為那正是幸福的泉源。」

對於我們來說，記憶中尤為深刻的是二〇〇六年初，尊者在龍樹菩薩傳法的聖地舉辦第三十屆時輪金剛灌頂法會時，對境內藏人懇切勸誡：「我們是佛弟子，不要再穿豹皮虎衣；得讓所有的藏人知道，達賴喇嘛對買賣和穿戴動物皮毛的惡習深感羞恥，藏人也因此在世上背著壞名聲，務必要放棄。」這番話當即傳到喜馬拉雅這邊，成千上萬的藏人一把火就把昂貴的豹皮虎衣燒成了灰燼，直燒得共產黨的官員們氣急敗壞，將藏地民眾自發焚燒豹皮虎衣歸結為「分裂集團」的操作，強令藏人重新穿上，聲稱這是黨的政策帶來幸福生活的證明。

這就像今天，中共在藏當局的新舉措將「愛國主義教育」細化到了不僅「送領袖畫像進村入戶」，還要「送領袖畫像」給每一座寺院的地步。《西藏日報》等官方媒體隆重報

1. 壇城：即為曼陀羅（Mandala），利用沙畫等將佛教核心概念與宇宙觀具體呈現。

導：「拉薩市啟動先進文化進寺廟覆蓋工程」，將毛澤東、鄧小平、江澤民、胡錦濤的畫像與中國國旗說成是「先進文化」，將強行發放甚至含有威脅的方式稱其為「贈送」，何其荒謬！

曾記否，五十多年前在全藏地搞的「民主改革」、四十多年前在全藏地搞的「文化大革命」，使得全藏地六千多座寺院餘剩無幾，而毛澤東這位被釘在人類歷史恥辱柱上的獨裁者，其畫像也是「進村入戶」，其像章也是人人佩戴。然而，何處才是真正的人心所向呢？幾天前，尊者達賴喇嘛在抵達菩提迦耶時的宣示令人鼓舞：「我們的鬥爭是真理與槍桿子之間的對決，我相信真理的力量一定比槍桿子的力量更強。」

噶倫赤巴為何不念扎白的名字？

二〇一二年一月四日，在第四天的時輪金剛灌頂法會結束時，新當選的噶倫赤巴（流亡西藏總理）洛桑森格講了話。感謝他講述境內自焚藏人的悲壯事蹟，感謝他逐個念誦境內自焚藏人的名字、年齡。尊者達賴喇嘛在這一時刻難抑悲痛的表情令人動容。但在這個相當重要的場合，噶倫赤巴仍然不提二〇〇九年發生在境內藏地的第一起自焚事件，在他念誦的名單中，也沒有第一個自焚的境內藏人——扎白。

對此，我要問我們的噶倫赤巴，這到底是為什麼？

是噶倫赤巴不知道嗎？他二〇一一年十一月底在歐洲訪問、報告藏地情勢時，把境內自焚者的數字少說了一個，當時我在博客和臉書上就提醒，第一起境內藏地自焚事件發生於二〇〇九年二月二十七日，第一位自焚的境內藏人是安多阿壩格爾登寺二十歲僧人扎白。請不要忽略他所付出的犧牲，他自焚時被中共軍警槍擊致殘，至今下落不明，生死不明，請不要忘記扎白！

當時有境外同胞透過網路告訴我，已將這個提醒轉達給了噶倫赤巴，噶倫赤巴也表示他已知道。我為此感到安慰，相信我們的噶倫赤巴會修正說法，因為他親口說過，自焚藏人「不只是一個數字」，而是代表了生命。時隔一個多月，噶倫赤巴在這次重要的法會上，在念誦境內自焚者名單的時候，雖然的確有了修正，卻只是加了一個「二〇一一年」的限定。這種修正仍然把扎白排除在外，卻可以不必被挑出毛病，因為二〇一一年的境內自焚人數，噶倫赤巴的確沒說錯。可是，如此修正不正是在數字上做文章嗎？不正是把自焚同胞當成了數字嗎？

我想問的是，噶倫赤巴為什麼堅持把第一個自焚的扎白排除在外？難道扎白不是為西藏付出犧牲的生命嗎？難道扎白不是二〇一一年乃至二〇一二年伊始，境內多達十五位的自焚者最初的榜樣嗎？難道扎白的家人、鄉親和同修不是翹首以待，祈望我們的噶倫赤巴在尊者達賴喇嘛主持的、眾多高僧大德雲集的時輪金剛灌頂法會上念出他的名字，使扎白得到應有的承認、尊重和祈禱嗎？對噶倫赤巴來說，念出扎白的名字和年齡，只是嘴唇多動兩下的事，而扎白在境內的親人卻能由此看到他付出犧牲的價值，得到莫大的安慰。可是為什麼，我們的噶倫赤巴如此吝惜這幾個發音，讓扎白的家人、鄉親和同修感覺他被遺忘呢？

我想噶倫赤巴唯一可以拿出來的理由是，扎白自焚已事隔多年，可以不必再提。可是時間應該成為消除記憶、取消紀念的理由嗎？如果幾年前付出巨大代價的英雄無需再提，那麼半個多世紀以來，為我們民族犧牲的無數烈士，是不是都可以被視為煙消雲散、不必銘記了呢？

也許，噶倫赤巴只是想以時間劃線來統計自焚者，那麼是不是從現在開始，我們以後就只能這樣敘述：二〇一二年以來境內藏地已有三位藏人自焚，而無需提及二〇一一年的十二位自焚者？當然，也就更無需再提二〇〇九年的扎白呢？

鑒於此，如果我們的噶倫赤巴還是繼續堅持不提扎白，那麼，很抱歉，我會在這個話題上持續不停地發聲，直至事實被還原。

而我們，同樣需要記住的是，在境外藏人中，六十多歲的圖丹歐珠於一九九八年在印度德里自焚犧牲；而二〇一一年十一月，在尼泊爾加德滿都和印度新德里，僧人博楚和俗人米瑪次仁自焚受傷。

僅靠幾萬張境外選票是不夠的

說實話，當我對境外西藏的領導人說出不同意見時，儘管只是提議自焚人數應該追溯到二〇〇九年的扎白，卻是前所未有的猶豫和糾結。一些來自境外的話語說得那麼理直氣壯——在困難的時刻必須團結，不要挑刺；不要因為小事影響大局；此時需要豎立領袖的權威，因此不要批評……這種話語對生活在專制社會的我實在太熟悉，專制者總是以相似的理由要求全社會「統一意志、統一行動、統一紀律」。

然而，批評領導人應該是民主社會的基本常態。壓制這種批評，無論動機和理由如何，效果都會與民主背道而馳。成熟的民主社會從不會把剛當選的領導人視為「偉大領袖」，而是當作必須監督的對象。「總統不可靠」是民主理念的出發點，馴服政府和領導人則是民主政治的基本任務。而做到這一點，首先是靠自由的批評。因此，民主社會一定會充滿民眾對領導人事無鉅細的「挑刺」。

是的，我們處在困難時期，但困難不是排斥批評的理由，反而更需要透過批評防止領導人犯錯。如果批評真破壞了團結，責任一定在領導人，因為只要領導人接受批評，帶來的只能是更加團結。亞里斯多德（Aristotle）說「道德是一體的」——人不可能在「大事」上遵守道德，而只為行事方便就在「小事」上放棄道德。事實上，放棄再微小的道德，就意味整體墮落的開始。同理，「大局」和「小事」也是一體，「小事」反映的問題，一定存在於「大局」中，對「小事」的批評不但不會影響「大局」，反而有助於「大局」。

民主社會當然可以產生偉大的領袖，但那只能是其卸任後的蓋棺定論，而不是在其當選時的加冕桂冠。當選不能成為偉大的證據，只是經受檢驗的開始。回顧歷史，環顧世界，最終辜負了選舉者信任的當選者比比皆是。接受前車之鑒，當選者應該把批評當作良藥，得以使自己避免進入失敗者的名單，從而對批評心懷感激。

尊者達賴喇嘛的權威與生俱來，至高無上，藏民族無條件認可。尊者達賴喇嘛讓他的這種權威退出政治，不是為了讓另一個人接替他的權威。那既無必要，民眾也不會接受。尊者達賴喇嘛要的是根本轉型，即如臺灣民主口號所說的「人民最大」，讓民眾成為政治權威，而政治領導人只是為民眾服務的公僕。

檢驗一個社會民主化的標準之一，是領導人對民眾的態度，如果領導人是傲慢的、唯我獨尊，對不同意見任意斥責，那個領導人一定還沒有瞭解民主是什麼，那個社會也一定還沒有讓民眾的權威得到體現。

與尊者達賴喇嘛無可置疑的合法性不同，境外政治領導人如何在尊者達賴喇嘛退休後建立代表境內六百萬藏人的合法性，始終是重大課題，同時也是境外西藏的生命所在，必須解決。對此，僅靠幾萬張境外選票是不夠的。在境內六百萬藏人能夠用選票表態之前，這種代表性至少應該體現於境外領導人與境內藏人的密切交流。交流除了有讚美，也包括批評。而境外領導人在這個過程中的謙虛、善意，積極回應，應該是起碼的。

更高層次的合法性體現，則應該是給境內藏人指引方向、提供方法，發揮有效的領導作用。誰都知道這相當困難，但正是能夠在這種困難局面中實現突破，才會成為偉大的政治領袖。

我期待。

札穹：圖伯特的歌者

我並沒有聽過札穹（Techung）全部的歌與曲，儘管很早就知道他是一位傑出的音樂人。這與我們彼此所在的空間有關。

正如綿延的喜馬拉雅橫亙於殖民者所劃定的邊界上，遭到阻隔的藏人有了「境內」與「境外」之分。然而音樂是有翅膀的，可以飛越任何人為的障礙。就像在那並不久遠的年代，因為被藏人以各種食物及具有美感的法會善待，從不遭槍殺、烹食，包括仙鶴（tung-tung）、胡兀鷲（jha-goe）以及杜鵑鳥（khuyu）在內的大群鳥類，會隨著大自然的節氣，沿著飛翔之路往返於安全的圖伯特。

如今居住美國亞特蘭大的札穹已近中年，故鄉在境內藏地，但出生於印度。與成千上萬有著相同命運的藏人一樣，當家園被占領、寺院被摧毀、喇嘛被流亡，他的父母雙親也不得不別離故土，並在異國他鄉艱難地傳承著屬於這個民族的精華。我最早是從一些電影中聽到札穹的歌聲，如劇情片《夢回拉薩》（*Dreaming Lhasa*）和紀錄片《*Tibet: Cry of the Snow Lion*》（雪獅之泣）等等，他的吟唱有著圖伯特的傳統歌樂如卡魯、朗瑪、堆諧[1]的韻

1. 卡魯、朗瑪、堆諧：均為西藏傳統音樂。卡魯指宮廷雅樂，朗瑪則是流傳於民間的歌舞藝術，堆諧則是源自於上部阿里的踢踏舞。

著名的流亡藏人歌手札穹啦（Techung）及其樂隊在演唱會上。（圖片來自於札穹啦）

味，卻因現實中整個民族的喪失之痛而充滿蒼涼。

二〇〇八年，遍及圖伯特的抗議被子彈擊碎、被裝甲車輾壓，但全世界都聽見了「嘎嗨嗨」的長嘯。對藏人來說，無論在「境內」還是在「境外」，都聽見了發自內部的聲音——「藏人休戚與共」。這一年的十二月十日，札穹在臺灣舉辦了《自由之音．西藏之聲》音樂會，主持者在臉書上留言：「札穹悠揚渾厚的歌聲，會給人一種清風拂面吹來、置身在西藏高原的感受。適逢《世界人權宣言》六十週年，……希望札穹為臺灣、西藏甚至全世界支持人權的人，捎來和平的訊息。」

我是在網上看到這場音樂會的，當即有了一個想法。我寫過一些歌詞，其中的一首〈在路上〉是多年前在拉薩寫的，表達的是對尊者達賴喇嘛的思念。我思忖，如果能由札穹譜曲並演唱，那將是最完美的奉獻。我請安多的友人將歌詞譯成了藏文，並與札穹取得聯繫，而他欣然應承。過了一段時間，他將基本完成的歌寄給了我，而這正是我由衷希望的歌——在以扎念琴（Drarnian）、笛子等圖伯特樂器的旋律中，在著名的藍調音樂家、葛萊美獎（Grammy Awards）得主凱柏莫（Keb'Mo'）低沉、寶貴的和聲中，札穹深情而婉轉地唱道：

在路上

啊，在路上

我熱淚盈眶
懷抱人世間最美的花朵
趕在凋零之前
快快奔走
獻給一位絳紅色的老人
他是我們的益西洛布
我們的袞頓
我們的貢薩確
我們的嘉瓦仁波切[2]
在路上
啊，在路上
我熱淚盈眶
懷抱一束最美的花朵
獻給他，獻給他
一縷微笑
將生生世世繫得很緊。

2. 益西洛布、袞頓、貢薩確、嘉瓦仁波切：藏語。益西洛布指如意之寶、袞頓為尊前、貢薩確指陛下，嘉瓦仁波切意為解脫煩惱的佛，此四句皆是對達賴喇嘛敬稱。

當我反覆聆聽這首歌，驀然悟覺，原來這首歌正是人世間最美的花朵，在多年以後，以這樣的方式替我實現了完美、永久的奉獻。

記得二〇一〇年，札穹發行了準備多年的新專輯《*Semshae-Heart Songs*》（心之歌），是專門為孩子們創作的十六首兒歌。在接受自由亞洲藏語節目的採訪時，札穹自述創作緣由在於他的女兒們，生長在美國，漸漸美國化，而他希望女兒們從小不忘自己是藏人，故鄉在圖伯特。所以他撥動扎念，讓孩子們跟他一起唱：「祖拉康[3]裡有可以朝覲的，祖拉康裡有可以磕頭的，我們一起去祖拉康吧……」，讓孩子們唱：「阿媽啦，你關愛我的話，教給我藏語吧……」。

我很喜歡這些兒歌，當我回到拉薩，幾乎每天都要給一歲的小姪女播放，是如此動聽，以致不會走路也不會說話的孩子，只要一聽到這些兒歌，尤其是那首講述四季中每個季節特點的兒歌，就會隨著歌聲有節奏地搖擺雙手。

也是在這一年，為了呼籲境內藏人當知項欠和扎西東知[4]的自由，札穹發起了演唱行動。當知項欠是因為拍攝了表達藏人心聲的紀錄片而被中國政府判刑六年，扎西東知是因為演唱了表達藏人心聲的歌曲而被中國政府判刑十三個月。為了讓世界聽到藏人的苦難，札穹與多位流亡藏人歌手在美國和印度等地，舉辦了與受難藏人休戚與共的音樂會。

3. 祖拉康：藏語中佛殿的意思，這裡指大昭寺。

4. 當知項欠和札西東知：兩人皆為西藏的藝文創作者。當知項欠所拍攝的紀錄片《不再恐懼》，對一八〇位藏胞進行人物訪談，內容因涉及達賴喇嘛回歸以及當前西藏局勢等敏感議題，而遭判刑。札西東知的創作專輯《沒有傷痕的酷刑》（*Torture without Trace*），歌曲內容傳達出對尊者達賴喇嘛的思念，以及對未能參與二〇〇八年全藏抗議表示羞愧，被中共視為反動歌曲，他也被捕。

而在這幾年燃遍圖伯特的火焰中，一個個藏人兒女「為了真理和自由而捨生取義」，以身浴火。札穹的新歌〈Lama Khen〉（喇嘛堪）正是以自焚藏人的心聲、遺言而唱，唱出了藏人的痛苦和抗爭。這是一首沒有悲泣、沒有怒吼的歌，平靜得猶如一個人在飽經滄桑的寺院觀想上師，默默祈禱，卻讓人看見那些懷著信仰而燃燒自己的烈士們，令人心生敬意又不禁淚下——

「諸佛千諾，喇嘛千諾，喇嘛嘉瓦丹增嘉措千諾，痛苦太多，身體被折磨，心靈被傷害，喇嘛啦。諸佛千諾，喇嘛千諾，喇嘛嘉瓦丹增嘉措千諾，抗議，非暴力抗議，我燃燒自己的身體，喇嘛啦。護佑我們，護佑我們，喇嘛啦，護佑我們吧。」

實際上，雖然札穹不能回到圖伯特的土地上撥動扎念為圖伯特而唱，但他早已乘著歌聲的翅膀飛回了故鄉，並在圖伯特的年輕藏人中獲得極高推崇，被如是評價：「流亡圖伯特藝人Techung的吟唱風格，整體給人的感覺彷彿是在細細訴說那些隱祕的圖伯特往事，有宏偉的意蘊，但更多的是個體靈魂的遊吟，淡淡的憂傷、未放棄的理想，還有『心臟的骨頭』的靜默韌力……」

「心臟的骨頭」屬於圖伯特的隱喻，我們都知道意味著什麼。對於「境內」和「境外」的藏人而言，世道雖在變化，強權依然肆虐，尊嚴遭到踐踏，但「心臟的骨頭」卻是不會被折斷的。圖伯特的歌者札穹的音樂，向冷酷的世界展示了這一景象。

記流亡西藏活動家瓊達．科倫

在Skype上見到正在康復的瓊達啦[1]（Chungdak Koren），足以令人欣慰。我被她頑強的毅力打動，卻無法不含淚。同樣失去家園的巴勒斯坦人、當今世界的重要學者薩依德寫過一句話：「流亡是最悲慘的命運之一。」但尊者達賴喇嘛的一本中文傳記的書名是《流亡中的自在》。這是兩種狀態，既屬於真實的情境，也屬於隱喻的情境。

大概是二〇〇七年，最初相見於網路時，我曾問過瓊達啦的故鄉以及當年別離故鄉的情形，記得她於一九五九年隨母親逃亡，從此再沒回去過。幾年前，她在境內的叔叔病重，她想花高價加入從尼泊爾進藏的旅遊團隊，可還是不獲批准，不讓她跨過邊界，與家鄉唯一的親人見最後一面。正如全世界太多流亡者的辛酸故事，故國成了回不去的夢。

每次我從北京回拉薩，瓊達啦總是叮囑我去祖拉康時替她向覺仁波切（釋迦牟尼佛）祈禱。其實不只她這麼說。當我凝視慈悲含笑的覺仁波切，耳邊常響起好幾位遠在異國的族人的叮嚀。我會默念每個人的名字，細述他們各自的經歷與願望。對於難以回到故土的流亡族人而言，託人向覺仁波切祈禱，是無可替代的慰藉。

1. 啦：啦是藏語敬語，一般加在人名後，表示尊敬或禮貌，也表示親切。

患病的瓊達啦得到尊者達賴喇嘛的關愛。（圖片來自於瓊達啦）

瓊達啦可能是挪威以及歐洲最重要的流亡藏人之一。一九八九年，尊者達賴喇嘛獲諾貝爾和平獎，做為挪威、諾獎委員會與尊者之間的聯絡人，她做出了重要的貢獻。瓊達啦視之為畢生最大的榮耀。我見過當時的一張照片，穿藏裝的她正恭敬地向尊者稟告著，那時她正是大好年華。

對尊者的信仰與忠誠，支持著瓊達啦為西藏的自由奮鬥了大半生。尊者曾親自任命她任駐瑞士代表處的代表。瓊達啦還長期擔任挪威西藏委員會主席，並被選舉為西藏人民議會歐洲議員。二〇〇九年，一位臺灣記者在奧斯陸見到她，感佩而寫：「……挪威的人權組織讓她有了一間堪用的辦公室，她在這裡負責和世界各地藏人交流資訊，並以此做為她回到西藏前的據點……參與著流亡藏人重返西藏的宏圖大業……她的身高不高，應該一五〇、一六〇公分上下，近六十歲還健步如飛，我離去時心想，這『達賴集團』的成員，可真不是蓋的。」二〇一〇年，瓊達啦受邀參加諾貝爾和平獎授予中國異見作家劉曉波的頒獎典禮。

對於我來說，與瓊達啦的緣分這樣深厚，不僅僅是七年前，我榮獲挪威作家聯盟授予的「自由表達獎」，瓊達啦為之奔走並表示「我們引以為傲」；也不僅僅是我依據文化大革命在西藏的歷史照片所做的採訪和調查而形成的《殺劫》一書，瓊達啦多方聯繫，資助出版藏文版。不僅僅是這些具有公共意義的事蹟。有一年冬天，我收到了一個沉甸甸的包裹，裡面是一件有著挪威特色的毛衣，溫暖而美麗，珍貴的情誼。

親愛的瓊達啦，妳已付出太多，過於辛勞，現在請好好休息，與先生邁克爾（Michael Koren）共享流亡中的安寧，而我將在再次朝拜覺仁波切時，替妳轉達鄉愁，為妳祈求團聚。

關於土鼠年的詩歌與納粹集中營的解放

二〇一四年四月的一天，我收到一封陌生郵件。來信人馬克・路德維（Mark Ludwig）先生自我介紹是泰瑞新音樂基金會（Terezin Music Foundation）的執行董事。這是一個猶太基金會，如其所言：「寄情於音樂，……很多簽約作品是從音樂做為希望、抵抗和改變之源這類主題中得到靈感。……堅信最宏大的紀念豐碑和平臺是透過音樂和詩歌支援今日和未來之聲。」之所以與我聯繫，他說：「是因為基金會正在進行一個與音樂和詩歌相關的重要專案。二〇一五年是納粹集中營解放七十週年。我們所設想的紀念方式，包含邀請來自不同文化的詩人，請每位詩人藉由詩歌創作來反映解放的主題——從詩人個人的經歷和視角來產生共鳴，體現解放的真意。『解放』的背景可以是一個民族、一場運動或個人的一段旅程。」馬克先生說，出於對我的詩作的仰慕，相信我的聲音將為此專案的精神和藝術性增添濃墨重彩的一筆。

我對這一項目很有興趣，在回信中表示能夠參與是我的榮幸，從而使得我的詩歌——我自認為是圖伯特的聲音之一——有可能在體現「解放」這個主題時，獲得表達的機會，

2008 年 3 月 10 日爆發了由拉薩蔓延至全藏地的抗議。圖為 3 月 15 日在安多桑曲（今甘肅省甘南藏族自治州夏河縣）的藏人抗議場景。（拍攝於 2008 年 3 月 15 日，拍攝者是一位漢人攝影師）

並凸顯歷史與現實的「集中營」對被剝奪者的壓迫。事實上，我有一首於我個人而言很重要的詩：〈藏曆土鼠年的痕跡〉，始於二〇一二年三月十四日——這是一個特殊的日子——卻一直未能完成，或者說，四年來，我僅僅寫了這五節：

接下來的紀念日，似乎都能做到若無其事
而那年，看似變局乍現，他衝出去，她尖嘯著
更有那麼多平日藏在陰影中的無名人氏
拋棄了比誰都逼真的幸福面具
瞬間即永恆：被消滅的，成為國家機密

……清晨，我悄然推開家門
這天，將有多少偶遇，屬於藏曆土鼠年[1]的痕跡？
我相信，我會看見祕密
一路上：修鞋的、配鑰匙的、上山開礦的、下河築壩的……
開始了日常生活的煙火，就像滿大街的杭州小籠包子
在等候一群群飢餓的淘金者
每個路口，又添了幾名穿黑衣的特警
背抵背，綁著硬梆梆的護膝，握著盾牌和槍

1. 藏曆土鼠年：即西曆二〇〇八年，這年三月，在拉薩發生之後遍及全藏的和平抗暴運動。

至於不計其數的據點、攝像頭和告密者，猶如天羅地網
一旁吸菸、斜視的幾個男子，將尾隨拒絕合作的人
我被兩個靠在小店門口的塑膠模特吸引住了
各穿一套玫紅翠綠的劣質內衣，曲線畢露
脖子上套根細繩，像淒慘的吊死鬼拴在捲簾門上
難道會被誰一把搶走，逃之夭夭？

可以說，邀請我以新創作的詩歌，與全球數十位詩人共同參與這一表達「解放」主題的專案，對我是極大鼓勵。兩個多月後，我在北京完成了這首詩，數月後，又在拉薩做了最後的修訂。這首共計十一節卻不長也不短的詩，在我個人寫作史上非常重要，不只是因為長達四年才寫完，更在於獲得了詩歌意義的「解放」。

美國詩人、翻譯家安居．克拉克（Andrew Clarke）先生翻譯過我的多首詩歌，並於二〇〇八年出版了我的詩集《西藏的真心——唯色詩選》（*Tibet's True Heart – Selected Poems by Woeser*），實際上正是他向泰瑞新基金會介紹我的詩歌，所以他翻譯了〈藏曆土鼠年的痕跡〉這首新詩，而馬克先生在讀了譯詩後來信說：「非常感謝妳寫出如此豪邁的詩歌，其想像力和抒情性十分感人。妳的詩歌將會成為我們的選集中很重要的一部分。」安居．克

拉克先生來信說這即將出版的詩集包括了國際上一些著名詩人的作品，如美國桂冠詩人比利・柯林斯（Billy Collins）；捷克著名詩人、歌手吉利・戴狄切克（Jiri Dedecek），他是捷克筆會會長同時也是《七七憲章》（*Charta 77*）[2]的簽署者；波蘭著名詩人查格尤斯基（Zagajewski）；而我的詩收入其中當很有意義。

限於篇幅，在此轉錄我的這首詩的最後四節如下：

是否所有的傷口都被授意癒合？
是否所有的印跡都可以被仔細抹平？
是否在不安中度日的你我仍如從前，一無所求？
黑夜卻是倏忽而至，來不及做好心理準備
分明聽見一輛輛裝甲車輾壓地面如悶雷滾動
夾雜著時斷時續的警笛和各地口音的漢語令人慌亂
他們似乎是永遠的勝利者，明天搖身一變
年長的是不要臉的恩人，年少的是被寵壞的遊客
以及曠野上，活割藏野驢生殖器的礦老闆得意洋洋
狗也在湊熱鬧，一個比一個更能狂吠
我不用抬頭，也能看見近在咫尺的頗章[3]布達拉

2.《七七憲章》：一九七七年由多名捷克斯洛伐克知識分子與哲學家所簽訂的一份反體制運動文件。要求政府讓每位公民都可享有自由生活與工作的可能性。

3. 頗章：藏語，意指宮殿。

在喪失中保持沉默，在沉默中抗拒喪失
我不必細數，也能銘記從阿壩燃起的第一朵火焰
它不是火焰，而是一百三十五位連續誕生的松瑪[4]
我將掉落在地的淚珠拾起，輕輕地，放在佛龕上

4. 松瑪：藏語，意為護法神，包括出世間護法神、世間護法神等。

IX

༄༅། །དག་ཞེང་གི་རྒྱལ་ཕྱོགས།།

自由是寶貴的

在香港這樣的擁有較多自由的地方，可以看到這麼多講述真相、見證歷史的西藏紀錄片，是多麼地幸運。與生活在高壓下的藏人相比，這樣的幸運是難以企及的幸福。擁有自由就是幸福。雖然我們不知道，這樣的幸福是否會長久。

「但是你們的肉和骨頭怎麼辨呢？」

每每想起正當盛年突然去世的十世班禪喇嘛，我總會憶起多年前第一次見到他的情景。記憶還算深刻，雖然那時我才十七、八歲，在西南民族學院的預科讀高二或高三，大概是一九八三年或一九八四年的某一天。在那之前，就從小被教育成紅色接班人的我而言，其實對十世班禪喇嘛幾無印象，只知道他被稱作「班禪大師」，是「西藏第二大活佛」。

聽說他要來民院，我和同學們以及比我們年長的大學生們，一大早就被領導和老師安排到民院門口迎接。應該是冬季，我們排著兩路縱隊久等不至，被凍得不行，我就心裡不樂意。當時我們都沒穿藏裝，儘管民院有相當多的藏族學生，但我不記得有誰穿藏裝。只記得離我們不遠有兩個蒙古族男生，穿著藍綢緞的蒙古長袍，顯得分外突出。

終於等來了班禪大師。那是第一次見到他，高大魁梧，神采奕奕，但穿的不是袈裟而是深色藏袍。我們這些藏族學生是鼓掌還是高喊「歡迎歡迎」，這我不記得了。只記得那兩個蒙古族男生一下子跪在地上，將藍色的哈達舉過頭頂，唱起了像蒙古歌的那種歌，調子很悠長。而且，當班禪大師走過時，他倆站起又伏地，磕起了等身長頭[1]。我當時心想，這兩個男生很迷信啊。

之後，就去了民院禮堂。我們因為是從甘孜州和阿壩州來的藏族中學生，被安排在前面就座，因此也就有機會清清楚楚地聆聽班禪大師的演講。好像聚集在禮堂裡的都是藏族學生和老師，本來班禪大師是說藏語的，但他問是否聽得懂，臺下鴉雀無聲，於是班禪大師就說起了漢語，是非常流利的普通話，這下我們都聽懂了，是在批評我們，很嚴厲地批評我們，批評了兩三個小時，我旁邊的同學都在嘀咕：「哎呀，被罵慘了。」

班禪大師真的是拍著桌子批評我們，說：「你們是藏人，你們卻不會藏語，你們也不穿藏裝，你們嫌穿藏裝麻煩，這有什麼麻煩呢？」他說著就把手抬起，抖了抖手臂，長長的絲綢衣袖就滑下去了。他一邊挽衣袖一邊說：「這樣學習、工作很方便嘛。你們是覺得穿藏裝丟人嗎？你們把自己的傳統和文化都丟棄了，你們就不是藏人了。」等等，等等。我又心裡不樂意了。當時我並沒覺得慚愧，只覺得挨罵不舒服，也因此記住了這些話。

後來聽說班禪大師來西南民院，原本準備給民院一筆錢的，而民院也很想要班禪大師的資助。文革結束後，被關押多年的班禪大師恢復了公開活動，每次去藏區，成千上萬的藏人都擁擠著去朝拜他，並獻上無數供養。聽說供養的錢幣都用麻袋裝。而班禪大師總是把信眾供養的錢幣資助辦學校或民族教育，這在藏區廣為人知，所以民院也想沾光，孰料

1. 等身長頭：即磕長頭，佛教修行方式之一。磕長頭者雙手合十，依次舉過頭頂、額頭、心口，以示身語意的供奉，再五體投地，口誦真言，接著起身站立為磕一次等身長頭。

班禪大師對民院的藏人學生很失望，據說是一分錢沒給就走了。

多年後想起這件往事我才感到羞愧，這是遲來的羞愧。多年後看到藏人網友之間盛傳十世班禪喇嘛的兩段著名語錄——

「我會講漢語是我能力和知識的體現，如果我不會這些也不會成為我的恥辱，但是我不會講藏語、不會藏文，那麼就會是我畢生的恥辱，因為我是一個藏族人。」「如果你們穿藏裝感到羞恥，那可以不穿。如果你們講藏語感到羞恥，那可以不講。但是你們的肉和骨頭怎麼辦呢？你們出生於藏人家庭的事實是無法改變的。你們的祖先是藏人。但如果看你們的行為，你們正在使得民族被同化。」

——我不禁歎息，又像是看見了班禪大師恨鐵不成鋼地，朝著我們這些年輕藏人抖著長長衣袖的一幕。

西藏影像裡的香港明天

在三月十日[1]這個西藏歷史上最重要的紀念日，在香港，舉辦了第一屆香港西藏紀錄片節。據《蘋果日報》當天報導：「由內地關注西藏問題的『目刻工作室』主辦，香港多個關注團體協辦；將由今日起至四月中，在港放映七套西藏紀錄片。這七套片全部在內地禁播。」其目的是「呼籲港人關注西藏人權問題」，因為「西藏的今天，是香港的明天」。

由此我想起很多相關的故事。比如二〇一二年我在拉薩住了三個多月，有一天，我穿過老城的某個小巷，偶然遇見一位大姐，她認出了我。當我們輕聲交談時，她突然哭了，原來她的丈夫因觀看尊者達賴喇嘛講授佛法的視頻，被判刑三年。又比如，連在手機裡保存一些被當局禁止的「反動歌曲」，通常都是思念尊者達賴喇嘛的歌曲或宣導民族意識的歌曲，也會導致危險。二〇〇八年的年底，當局在拉薩就抓了五十九名「從網上非法下載反動歌曲」的年輕藏人。而這幾年，從安多和康傳出的歌中，隱喻已經越來越彰顯，尊者的法名、圖伯特的旗幟、獄中喇嘛的名字甚至流亡西藏領導人的名字，不加掩飾地出現在歌曲裡，為此近幾年被捕的歌手眾多。

1. 三月十日：為「自由抗暴日」，亦可稱為「自由起義日」。一九五九年的三月十日，解放軍與拉薩民眾發生嚴重衝突，自此中共全面占領西藏，達賴喇嘛流亡海外。自由抗暴日是西藏流亡政府的重要節日，用以紀念於一九五九年為反抗侵略、爭取自由與獨立，而犧牲性命的勇敢藏人。

其實觀看這七套西藏紀錄片的任何一部，我指的是在拉薩或者在其他藏地觀看，都是要冒很大風險的。說出來都可能沒人會相信，在拉薩常常盛傳因為看了一部被當局認為是「反動」的電影，輕者被傳喚，重者被拘留甚至被判刑。這樣的傳說流行甚廣，卻還是撲不滅渴望看到真相的強烈願望，於是相應就有了各種令人哭笑不得的對策，比如在放映電影時，不但要拔掉有線電視線，還要用絕緣的黑膠布將有線電視線的線頭纏了又繞，據說這樣才會保證在放映「反動電影」時，不會通過有線電視線傳到鄰居的電視上。由此可見恐懼是多麼普遍，但不肯妥協也很普遍。

我看過這七套西藏紀錄片的其中幾部，基本都是在北京的家裡觀看的。有意思的是，雖然北京與拉薩的當權者都是同一個，但這兩地的自由度卻有顯著不同。我的意思是，在北京呼吸到的自由空氣遠遠多於拉薩，這當然是隱喻，因為誰都知道北京的空氣汙染已經到了傷害人體的程度，而藍天白雲的拉薩雖也有汙染，但還是比北京更適宜人的居住。

所以幾年前，曾有一段時間，常有年輕的藏人們，從就讀的大學校園或暫住的旅舍來到我家。我們在一起的重要內容之一就是觀看與西藏有關的電影。但我仍然不敢放太大聲，總是不由自主地擔心這些講述西藏真實的電影，會被隔牆的耳朵聽見，給他們惹來麻煩。而在觀看這些電影的時候，我總是會注意到，當畫面上出現了尊者的音容笑貌時，年輕的藏人們會雙手合十，表示敬意；當畫面上出現了充滿苦難的歷史或現狀時，年輕的藏人們會難以自禁地落淚……

其實，我絮絮叨叨地說了這麼多，只是想要表明，在香港這樣的擁有較多自由的地方，可以看到這麼多講述真相、見證歷史的西藏紀錄片，是多麼地幸運。甚至，與生活在高壓下的藏人相比，這樣的幸運是難以企及的幸福。換句話說，擁有自由就是幸福。雖然我們不知道，這樣的幸福是否會長久。

我還想說的是，這七套西藏紀錄片中的一部，即境內藏人當知項欠和僧人果洛久美拍攝的《不再恐懼》，不但是禁片，當知項欠因此被判刑六年，至今在獄中受苦，果洛久美多次被捕，二〇一二年九月底被失蹤甚至被當局通緝，至今生死不知。

（按：在二〇一四年，果洛久美已成功抵達自由之地——印度的達蘭薩拉）

黑帳篷學校與天堂牧場

朋友見到一位在藏東家鄉多年來堅持不懈保護生態環境的藏人，談到正在進行的生態教育實踐，認為有必要發給我放在更多人可以看到的文章中。

這位藏人環保人說：「二〇一二年，在縣城或其他地方上學的孩子們放暑假回來，我辦了一個『青年生態營』。

「往常孩子們回來都無所事事，就玩遊戲看電視。我把他們抓住，給他們一個新的玩法。我說你上學，你的學費是跟犛牛有關係的吧，你的一切，你的愛呀，你的父母親人都在這邊，你以後畢業工作了，你父母還在這邊，你應該知道自己的家鄉是怎麼一回事。

「其實也就是三天。我們徒步，用眼睛看，用耳朵聽，用鼻子聞。四個人一個小組，有五個組，在村裡報名，村裡培訓，報名的人很多，但我只能帶二十人。不只是在外面上學的，村裡沒上學的十三歲到二十五歲的也叫上，男女都有，帶著帳篷。現在的年輕人變化大，紋身啊這些都出來了，所以你再搞傳統的做法，讓穿著藏袍跟我走，就沒意思了。放著音樂走也可以，最時髦的東西都可以，完全你自由的嘛。當然我們在草原上吃的肯定不是北京的飯，而是自己的食物。

「第一天出發時我就說你們這些上學的，將來還是要回到這裡來，不上學的，將來也肯定住在這裡，所以我們來認識一下我們的草原。村裡的年輕人沒有城裡人的視角，看個花呀，拍個照啊，沒這個習慣，而我們那個視角有點像遊客的視角。一路上我還問，這塊石頭有沒有什麼說法？這座山叫什麼名字？還把花啊草啊做成植物標本。這些年輕人平時不注意這些，連地名都不知道，這一天走下來，他們就哇，我們草原這麼美呀。我沒把自己當成是老師，我也裝成個老頑童，目的是消除我跟他們之間的距離。晚上住下的時候要討論，然後跳舞唱歌，但沒時間跳舞唱歌，他們一直在討論。

「第二天，離開草原沿著河走，是為了看看這個水到底是什麼？水裡面有什麼？這水跟我們有什麼關係？我們這裡水多，水從源頭一直流下去，有一百幾十個眼，這裡冒出來一個，流到那個山頭又冒出來一個，但是水也是有可能慢慢流失的啊。我們走了兩百米，那清清的水裡面全部是垃圾，撈出來一看，有帽子、有內褲、有鞋子，什麼都有，不注意看的話，看不見這些垃圾。就有人喊，我的佛菩薩啊，給我們供佛的水也是這個嗎？我們早上喝的奶茶也是這個嗎？河水旁邊都在修公路，挖得到處是坑。到晚上我們走到水源頭了，但還是沒有跳舞，哪有心情唱歌跳舞啊，一直在討論。

「第三天，走牧場。草原也不看，水也不看，看人！我去鑽這個帳篷，他去鑽那個帳篷。問這犛牛毛帳篷怎麼做的？又是怎麼搭起來的？這犛牛奶是怎麼擠的？又是怎麼做成酥油奶渣的等等。瞭解牧人的生活很容易，因為我們的父母都是牧民。跟牧民問各種各樣的諺語也很有意思，都積澱著深厚的智慧。

「到了第四天，回到村裡了，把他們的父母跟親戚朋友都叫來，分享這三天的見聞。後來他們一致決定明年還要繼續這樣的旅行。非常低的成本，就讓他們走這麼一趟，打動他們的心靈，讓他們產生保護家鄉的意願。

「最核心的就是保護意願，跟我們對土地的感情有關係，跟我們的宗教有關係，跟我們的價值觀有關係。實際上，跟牧民或者跟文化、生態有切膚之痛的應該是牧民的孩子！如果連家鄉的地名都叫不上，家鄉的犛牛、帳篷都說不出個所以然，這已經讓他們覺得是恥辱。而這只是我的『黑帳篷學校』的其中一個內容，其他還有民間講壇、影像討論、相關培訓等等內容。」

這位藏人環保人還有一個被他命名為「天堂牧場」的夢想。

他說：「我想建一個牧民之家。其實是把我自己當作牧民，在山下建一個牧場。形式上我想用合作化的方式去做，整個外框類似合作社，跨區域的，如果我辦成了一個民間組織的話就不行，特別有約束。先就幾戶人家，四、五戶牧民吧，我會找一些有影響、有榜樣力量的牧戶，而且在這個牧場，大家都有信仰，都相信草原的力量，其他動物也可以存在，別人也可以來，不可以是封閉的。但是各個草原都不一樣，高低不一樣，風景也不一樣，所以不可能全部做成一個模式，全都裝在一個盒子裡，那不行。

「我也邀請外面的人來。有點像旅遊，但我不太喜歡叫旅遊，因為來的人是來學習的。以前我想叫貴族牧場，我的意思不是指來的是貴人，而是指那些有才能的人；不是那種你給錢就能來，而是對這裡的文化，對這些牧場和草原，對西藏的天地有感覺的人才能來。即便國家不一樣，民族不一樣，宗教信仰不一樣，政治不一樣，但有著這樣共同的基礎，可以來。不過牧民是高貴的，不高貴的話，被別人認為你太可憐，所以同情你呀，施捨你呀，這樣不行。另外，現在有種說法，把牧民說成是草原的破壞者，實際上藏人裡面生態意識最濃厚的就是牧民，連房子都不蓋。只有牧民才守護著草原，老在雪山上住著的人才對雪山產生信仰。

「我也經常對牧民們說，不要把來的人當成遊客，不要把他們看成漢人、外國人什麼的，反正是跟我們有緣的人，就用我們過去待客的方式，其實是最好的。所以我高興了也可以送你一頭牛，登記在你的名下，你那頭牛如果不行了，或者生了小牛，那我也告訴你一聲。或者，牧場上哪家的人去世了，想修建一個白塔做供奉，你願意加入，那就你們兩家自己修嘛，你們修好了就是你們自己的。

「外面來的這些人，不能說成是來觀賞野生動物的，不能是來交換什麼的。這個草原是我們共同的草原，不存在文化的置換，文明的置換。天堂牧場既是你的牧場，也是我的牧場，我們都是草原這個新社區的成員。但是我們各有背景，也可能我信基督教，你是無神論，他是一個穆斯林，我們沒有一點不舒服。大家都是在一個層次上產生認同的。

「對於外面來的人，我要告訴他們，你不是一個旅遊者，不是一個開發者，也不是一個幫助者，或是一個從城裡下來扶貧的人，你就是一個正常的人。你也許能幫上忙，幫不上我們也真誠的對待。有人來過一次說這個不好玩，就走開了，那他就是客人嘛。有人兩次三次地來，和牧場也有了關係，想進入社區一起發展，那就叫做新社區成員。我還要告訴外面的人，西藏是什麼，牧場是什麼，牧民是什麼，讓他們有真正的認識，而不是那些遠離事實的說法。

「天堂牧場是一個漸進的過程。要是這麼一個牧場出來的話，逐漸是會有社區的，逐漸是會擴散的，擴張到一定程度就相當於又是一座學校。什麼人都可以來，但生命首先必須是相互尊重的，超越了很多東西，所以我夢想這樣！最終，我們的夢想就是天堂的夢想。」

我並非要說讓人不自在的西藏故事

有時候我思忖，我寫的這些故事，這些關於藏人的故事，這些關於藏人於當今時代仍經受著許多民族曾有過的苦難的故事，在這偌大個世界，會有多少人願意停頓一下，聽一聽呢？

那年，藏曆土鼠年八月某日，貢嘎機場檢查森嚴，母親抑制著淚水，與我額頭相觸，以示告別。「現在的拉薩已不是去年的拉薩了，現在的妳也不是去年的妳了……」耳邊響起這意味深長的哀歎，讓我猶自神傷。旋即，鐵鳥扶搖著巨碩的翅膀離去，一首纏繞我童年的文革歌曲，弔詭地在內心響起：「金色的大雁喲，你快快飛快快飛，飛過了雪山，請你帶上喲，心愛的雪蓮，捎給我想念的北京城，呀啦嗦……」隨著歌聲，我寫下一首詩：

匆匆告別拉薩——

拉薩已是一座恐懼之城；……匆匆告別拉薩——

拉薩的恐懼，盡在呼吸之間、心跳之間，盡在欲說還休之間、無語凝噎之間；……匆匆告別拉薩——

拉薩的恐懼令我心碎，容我寫下！

其實「拉薩的恐懼」，緣於北京。其實我想念的，從來都是拉薩。其實這幾年來，這些年來，這五十多年來，拉薩乃至確喀頌（藏人所稱的全藏地），成了淪陷之地。

我知道燕子，是的，我說的是身為漢人的劉燕子女士，我知道她願意傾聽這些故事，願意化血為墨，將這些故事翻譯成日文，轉述給日本這個我從未去過的國家。事實上，更早以前，我依據我父親拍攝的西藏文革照片而完成的紀錄之書《殺劫》，正是由燕子和藤野彰先生翻譯成日文，由集廣舍的社長川端幸夫先生出版的。有朋友在給我的信中說：「在日本，百萬中國人，只有燕子一個人在孤軍奮戰——站在人道主義的立場、作家良心和良知的立場。」

日本的一些西藏研究學者，檢視我講述的西藏故事是否可以做為「學術研究」的物件，但好像失望了。據說問題出在「客觀性」與「資料」方面。對此，王力雄（他雖然是我的丈夫，但也是西藏問題的研究者）說：「如果做為學術，可以這樣挑剔，學術是不應該有感情的，但是唯色不是在做學術，她寫文章正是為了感情——她的感情和西藏的感情。這種感情是一種生命。生命不需要符合學術的規範，相反，學術應該去研究生命。」

我承認，我講述這些故事都是飽含感情的。我甚至常常傷懷落淚，是因為這麼長時間以來，總是聽到我的族人們不是被火焰焚身，就是倒在軍警的子彈之下。我在推特上寫過一句話：「我是一個無能的人，……在生命消逝的數字面前，我完全束手無策。……我什麼都不會，只會記錄，但是現在，記錄都來不及。」

有一天深夜，我久久地看著網路上所發布的，自焚犧牲的尼師[1]——丹真曲宗的照片，淚如雨下，都說才十九歲的她聰穎好學，是寺院裡佛學最好的尼師。如果她不出家，也是草原上美麗的牧女。如果我有孩子，差不多是她的年紀。還有一張照片是她小時候騎在自家的犛牛背上，這麼可愛的孩子殉道了，人人都會為之心碎。如果不是聲稱「解放」了西藏的中國政府，在西藏的寺院裡又是「升國旗」、「掛領袖像」，又是逼著西藏的僧尼們人人過關，簽字畫押地「愛國愛黨」、「揭批達賴分裂集團」，請捫心想一想，韶華純潔的她會自焚嗎？

我承認，我是詩人，而且多年前（那時我是《西藏文學》的編輯），我一度自閉在詩歌的「象牙塔」裡，執著於個人的感覺、個人的意象、個人的語言，自認為詩人或者藝術家高於一切，或者說是超越一切。但是，正如我在散文集《西藏筆記》（二〇〇三年在中國出版，卻被當局認為有「嚴重的政治錯誤」而成禁書）中所寫：「……可是我身為藏人中的一分子，西藏龐大而苦難的身影像一塊石頭壓迫著我的脊樑，『光榮』和『無為』，我只能選擇一樣，非此即彼！」而我所認為的「光榮」，不只是詩人的「光榮」，更是良

1. 尼師是對尼姑的尊稱。

知者的「光榮」。

良知者是需要正視現實與歷史的，現實和歷史卻是非常冷酷的。身為詩人，在西藏時時刻刻感受到的是與現實和歷史之間的緊張。最終這種緊張粉碎了將我包裹的「象牙塔」，使我的詩開始觸及現實與歷史，並有了一種敘事的風格。二〇〇四年的秋天，我寫下長詩〈西藏的祕密〉，這是獻給現實中承受苦難的家園與族人的詩，也是寫給現實中「沉默的大多數」包括我自己的詩。其中寫到：

我素來噤聲，因為我幾乎什麼都不知道。
我一生下來就在解放軍的號聲中成長，
適合做共產主義的接班人。
紅旗下的蛋，卻突然被擊破。
人到中年，遲來的憤怒幾欲衝出喉嚨。
紛飛的淚水只為比我年輕卻蒙難的同胞難以止住。
……
但我依然緘默，這是我早已習慣的方式。
理由只有一個，因為我很害怕。
憑什麼呢？有誰說得清楚？

其實人人都這樣，我理解。
有人說：「藏人的恐懼用手就可以感觸到。」
但我想說，真正的恐懼早已融入空氣之中。
……
那麼書寫吧，只是為了牢記，這可憐巴巴的道德優越感，
我當然不配，只能轉化為一個人偶爾流露的隱私。
遠離家鄉，身陷永遠陌生的外族人當中，
懷著輕微的尷尬，安全地、低聲地說：
細細想來，他們與我怎會沒有關係?!
而我只能用這首詩，表達我微薄的敬意，疏遠的關懷。

有時候我思忖，是不是關於我是詩人，而且是那種「沉溺於唯美主義的詩人」的說法，隱含著對我所講述的西藏故事予以「否認」的意思？即是在暗示，詩人或做為詩人的唯色，總是分不清現實和想像，所以故事中更多的是情緒或臆想，不足為憑。

這可能是我講述的並不是那種或者被神祕化、或者被妖魔化的西藏故事，而那樣的西藏故事屢見不鮮，且被各種立場、各有選擇地樂於常見。尤其是中國的諸多西藏研究者，

一味地批評西方對西藏有「香格里拉情結」、「香格里拉迷思」，卻根本不對自己所在的國度、社會、體制素來將西藏妖魔化的傳統批評半句，更不去反思為什麼在今天西藏的大地上，無數走上街頭、縱馬草原的抗議者，接二連三地將自己化作沖天火焰的自焚者，幾乎都是在「解放」以後出生的藏人。

真的很抱歉，我並不是非要講述讓人感覺不自在的西藏故事。但當年，在我離開了詩歌的「象牙塔」之後，我便堅持這樣的寫作理念——寫作即遊歷；寫作即祈禱；寫作即見證。儘管我很希望有一天，給讀者描述的是我雪域高原在自由的陽光下煥發的極致之美。

——日文版《西藏的祕密》出版時致日本讀者的信

自由是寶貴的

在臉書上結識的一位香港女孩蚊蚊，前些天給我來信，請我給她即將出版的旅遊隨筆寫篇簡短的序言。

她在信中寫道：「這本書，有很大的部分在寫西藏。我很愛這個地方，已斷續去了三次。很感謝妳的文章，讓我們這些旅人可以更瞭解她，知道她的情況。……常聽人危言聳聽，說藏人很危險，我遇到的人們，卻是有最真誠可愛的笑容。自焚，也令西藏人被誤解為激進危險的民族。但我那時在三一四事件的前後從公路入藏，藏民和喇嘛對我們是極好。只要人們放下成見，並對道聽塗說保有戒心，也自己多思考求證，根本就發現這些都是迷思和黑資料。……」

因為這位不曾謀面的香港女孩寫的這些話，也因為她發給我看的書稿中有很多篇幅和照片是關於印度和尼泊爾的見聞，這些都觸動了我，於是很快寫下了這些文字：

印度、尼泊爾、……對我這個藏人來說，這都是遠不可及的國度，像另一個世界。

記得多年前，得到一本叫《尼泊爾》（*Nepal*）的厚書，是那種旅行指南，依稀記得作者是一些在一九七〇年代去尼泊爾漫遊的「嬉皮士」。原書是英文，譯成了文辭雅致的繁體中文，並有許多拍得非常美的圖片。我很愛這本書，常常在翻閱時遐想有一天若能去成尼泊爾，就邊走邊讀。因為讀得太深情，我甚至錯覺地認為自己很快就會自由地遠行，我曾寫過：「我所有的文字都是尋找的文字／我所有的旅行都是尋找的旅行。」

這樣的「自由」有時候很具體，就是一本對於這個國家的許多人而言輕易可得的護照，但對於被標籤為「藏族」或者其他「少數民族」的族群來說，要想獲得護照卻比登天還難。既然現實如此，那麼就只能固守此地，而近在咫尺的異國便成了美好的願景。記得二〇一二年年初，大概有上萬藏人，絕大多數是老人，揣著終於求得的護照去了聖地菩提迦耶，聆聽尊者達賴喇嘛開示佛法，那是多麼短暫的幸福時光，慰藉了一顆顆委曲求全的心。但當他們返回家鄉，冷酷的現實是漫長的噩夢，我見過其中幾位長輩，含淚回憶被搜查、被沒收、被十指按手印、被前後左右拍照，以及被帶往完全封閉的「學習班」經歷被各種洗腦、被一遍遍地寫檢查等等羞辱，最終所有人的護照被勒令上交，連帶即便沒去過印度，或也不往印度去的其他藏人，與一本護照的距離愈加遙遠，甚至宛如隔世。

所以我看蚊蚊的《旅活》（書名真好），最深切的感受是對自由的神往。蚊蚊擁有的旅行的自由是我沒有的自由，但隨著她的感性文字我可以分享這樣的自由，更覺自由的可貴，而這似乎比什麼都重要。

想起前兩天，在好友薯伯伯（是的，就是在拉薩開「風轉」咖啡館的薯伯伯，他也是香港人，會說藏語的香港人）的咖啡館，遇見兩個來拉薩旅行的香港青年，其中那個會畫畫也長得像蚊蚊那樣漂亮的女孩說：「再不來拉薩再不來西藏就晚了，眼看著這麼美的地方一天天喪失很心痛，但想到香港，西藏的今天不正是香港的明天嗎？」我看著這個連名字也不知道的香港女孩，慢慢湧上眼裡的淚水使我需要起身離去，而門外，往上看是似乎永遠不變的藍天白雲，往周圍看是正在進行也正在失去的日常生活，至於跟前那個由溫州商人建造，有著嚇人名字的「神力．時代廣場」，其龐大的身影似乎遮住了旁邊日益破敗的廢墟，往昔那是輝煌的喜德林寺。

拉薩，神力時代廣場前的充氣獅子。（拍攝於 2013 年 9 月，拍攝者 唯色）

文明與反文明的一天

蘇格蘭獨立公投的日子，與被捕超過八個月的維吾爾學者伊力哈木．土赫提在烏魯木齊被庭審的日子，意味深長地巧合了。

伊力哈木被庭審的時間是兩天：二〇一四年九月十七日與九月十八日。他被指控的罪名是「分裂國家」以及「組織成立分裂國家集團」。但在法庭上自我辯護時，伊力哈木明確宣布：「我是無罪的，從來沒有組織成立分裂國家的犯罪集團，從來沒有從事分裂國家的犯罪活動。」然而他卻遭到重判，庭審之後的第五天，他被當局判處無期徒刑，沒收個人全部財產！消息傳出，世界震驚！

而蘇格蘭與英格蘭合併為聯合王國已有三百零七年的歷史。更久之前，一三一四年，蘇格蘭軍隊大敗英格蘭軍隊，取得蘇格蘭獨立戰爭的最終勝利，因此選擇在七百年後的二〇一四年進行獨立公投，被認為有著深刻的歷史意義和象徵性。正如好萊塢有關蘇格蘭獨立英雄威廉．華萊士（William Wallace）事蹟的著名電影《勇敢的心》（*Brave Heart*）（臺譯：英雄本色），今天的獨立公投被讚譽為「蘇格蘭『勇敢的心』延續了七百年！」

就在公投前兩天，媒體人長平為德國之聲書面採訪了我，我的回復是：

「蘇格蘭獨立公投這一即將發生的事實，其意義難以估量。無論最終結果如何，不但對於英國和蘇格蘭已經今非昔比，我想對於這個世界也將是今非昔比。這並不意味著如某些人所言的『倒退』，也不一定意味著經濟等方面的考慮為首要，而且，更為至關重要的是，如蘇格蘭在英國的自治程度，早已是真正的『高度自治』，較之中國任何一個有『自治』之名的地區，都是事實上的天壤之別，（蘇格蘭）卻會在二十一世紀的今天，以這樣的方式來選擇更符合自我意願的命運，再一次證明自由乃天賦人權，公投乃普世價值。而對大一統的迷信和維護，才是真正的落後與反動。做為藏人，活在當下，目睹（儘管是遙遠距離地目睹）這一具有重大意義的事件，由此及彼，心靈震撼。因為對天賦人權的認識、對自我身分的定義，從未像今

拉薩，布達拉宮廣場的中國國旗。（拍攝於 2013 年 9 月，拍攝者 唯色）

天這麼真切、迫切。」

十八日的蘇格蘭獨立公投結果已經揭曉，百分之五十五說「NO」，百分之四十五說「YES」，正如有關分析人士所言：「在選前，英國政府為了挽留蘇格蘭，其實已經宣稱將讓蘇格蘭取得接近完全自治的地位下，還有這麼多人支持蘇格蘭完全獨立，確實相當令人注目，也顯示英國政府的選舉策略是成功的。……透過這次公投蘇格蘭公民們已經展現自決的能力。」知名藏學家、伊力哈木的好友、美國印第安那大學教授艾略特·史伯嶺先生對我說：「事實上，蘇格蘭的情況是我的理想：按照民主原則而實行人民自決權。不是一個，也不是由少數人組成的集團來決定未來，而是全國人民共同決定。」

與此同時，蘇格蘭獨立公投所具有的典範意義，從中國網民流傳甚廣的這段話可以看出：「沒有英國媒體的討伐檄文、沒有權力機構的恐嚇、沒有硝煙、沒有坦克、沒有犧牲、沒有警察、沒有境外勢力、沒有尋釁滋事、沒有抓人、也沒有暴打婦女、一切都沒有。一個國家的統獨大事就這樣落下帷幕，一人一票震撼著世界……這場公投（英國跟蘇格蘭）都是贏家。」

我還要補充一句話：「這場公投不但沒有上述的『中國特色』，而且，更不會有被指控『分裂國家罪』的伊力哈木和他七個年輕學生。這個世界是多麼地奇特，文明與反文明會在同一天呈現！

我講述看不見的西藏

給我惹來平生第一個大麻煩的，正是這本《西藏筆記》。雖然這個麻煩已過去十二個年頭，但我還是記憶猶新，因為寫作而遭當局噤聲甚至被剝奪基本權利的陰影，一直盤繞於內心。從另一方面來說，我也因禍得福，從此走上獨立寫作的道路，儘管艱難並時有危險，卻領略到精神的自由多麼寶貴，使我深感慶幸。

做為生活在極權制度下的作家，在寫作上所遭遇的審查，事實上從一開始就已經存在了。不過我之前以寫詩為主，詩歌的隱晦與含蓄，往往成了詩歌得以問世的護身符。但當我開始轉向非虛構類的寫作，即使寫的是文學性散文，卻因以歷史和現實為題材，很快遭到懲罰。

二〇〇三年，《西藏筆記》由中國花城出版社出版。一方面受到讀者歡迎，很快再版，一方面引起當局注意。首先是中共統戰部認為該書有「嚴重的政治錯誤」。西藏的意識形態負責人隨即要求就《西藏筆記》一書進行審查，同時禁止在西藏銷售，並要求出版社所在地全面查禁。

二〇〇四年，中國新聞出版總署官員在會議上重點指責《西藏筆記》，稱該書：「存在讚美十四世達賴喇嘛、十七世噶瑪巴，崇信和宣揚宗教等嚴重的政治立場、觀點錯誤。有些篇什（章）已經在某種程度上進入某種政治誤區。」

我當時就職的單位——西藏自治區文聯，則對《西藏筆記》做了這樣的結論：「誇大和美化宗教在社會生活中的積極作用，在個別文章中流露出對達賴的崇信和敬仰，甚至有的內容表現出狹隘的民族主義思想和不利於國家統一、民族團結的觀點和言論；有的內容對西藏改革開放幾十年所取得的巨大成就視而不見，過多沉湎於對道聽塗說的舊西藏的懷戀，出現了錯誤的價值判斷，背離了正確的政治原則，喪失了一名當代作家所應承擔的社會責任和建設先進文化所應承擔的政治責任。」

由於我拒絕承認這些「錯誤」，在這本書出版、被禁一年後，我被開除職務，住房被沒收，保險被中止，就連辦理出國護照也被禁止，我只好離開拉薩，遠去至今並未習慣的北京，與我的丈夫王力雄（他也是作家，並且研究西藏和新疆問題）住在一起。從那時到今天，我出版了詩集、散文集、故事集及口述歷史專集十四本，與王力雄的合集三本。當然這些用中文寫作的書都不能在中國出版，而只能在臺灣出版，也有一本在香港出版，但都不能被帶回中國，因為成了禁書。

令我欣慰的是，我被譯為英文、德文、法文、日文、西班牙文、加泰羅尼亞文、德文、波蘭文、捷克文及藏文的譯著已有十二本，如今則又多了這本被譯成捷克文的《西藏筆記》，在此，我要感謝譯者的選擇，感謝捷克出版社的認可，感謝捷克讀者的關注。雖然書中故事已是多年前所寫，但我講述的並不是那種被神祕化、或者被妖魔化的西藏故事，而那樣的西藏故事屢見不鮮，且被各種立場、各有選擇地樂於常見。

我想說的是，我講述的是：看不見的西藏，卻是我們每個藏人所在的歷史與現實的西藏，因其真實，而被遮蔽。

——捷克文版《西藏筆記》序文

附錄：你必須改變你的生活

二〇一二年初冬在拉薩見到朝氣蓬勃的林輝，得知開始兩年環球旅行的他，是香港知名的社會運動人士。之後關注了他在臉書上的專頁「和我一起遊世界」，隨著他的圖文紀錄分享他的所見所聞所感。

當時正在拉薩關注香港事態的我，讀完他的書稿之後，寫下了文章〈你必須改變你的生活〉：

林輝書中記錄的遊歷之地，新疆我去過，西藏是我家，其餘諸地都是我從未去過並且今生料也難去的遙遠之地，不單單只是地理的遙遠，實已類同隔世的遙遠，不如稱其為隔世之地。

原因很簡單——我得不到一本像林輝那樣可以行走四方的護照。

也許，聽說過我的人會以為這是我「異議者」的身分所致，實不盡然。前些天，聽到做小生意的藏人自嘲：「去年（二〇一三），我的『中國夢』是護照；今年（二〇一四），我的『中國夢』是邊防證……」這後一句話，緣於依西藏傳統，今年即馬年，為西藏神山之尊——岡仁波齊的朝聖之年，對於虔信佛教的藏人屬必修功課。然而去轉山朝聖必須辦「邊境通行證」，但當局偏偏不給藏人辦此證，卻給中國各地的旅遊者開方便門。

也因此，藏人所言的「中國夢」意味著白日夢。

正如林輝在遊歷了許多地方之後發現，「世界的苦難太多」。好在，「仍然見到希望」。履行「責任旅遊」理念、並對公民社會的建設傾注心力、希望人人生活有所改變乃至世界得以改變的林輝，書中篇篇故事並非純粹的旅遊札記，除了披露異域風光及別樣人生，更有不一般的深刻意義。就像是，熙熙攘攘的旅遊者當中，有一個身負背包與相機的年輕人，他的眼裡看進去了太多的不公正，他的心中裝進去了太多的問題，所以會思考：「旅行是為了娛樂，但也不應只為娛樂，更不應為了娛樂就把更重要的東西犧牲掉。我相信旅行包括了美好的內涵，如瞭解、珍惜、反省以至和平，問題是，怎樣才能將這些美好的東西放大，取代浪費、自私和毀滅？」

身為藏人的我，敏感於林輝對西藏的境遇、對在地和流亡的藏人所懷有的深厚同情。我相信其中必然含有許多由此及彼、感同身受的體會，而這並非一句簡單的「今日西藏，明日香港」或「今日香港，昨日西藏」就能概括。想起二〇一二年拉薩開始進入寒冷的一個夜晚，剛離開新疆的林輝講述著他的見聞、感受與願望，對香港所存有的自由等價值的珍視溢於言表。

實際上我讀這些故事之時，恰處在非常特殊的時間。我想說的是，這時間的林輝原本按照他兩年環球旅行的計劃，已經走到阿根廷，但在他的老家香港發生了舉世矚目的「雨傘革命」。林輝在臉書上寫道：「有外國媒體叫這場運動做『雨傘革命』（Umbrella Revolution），說實在，還算不上是革命，但『雨傘運動』（Umbrella Movement）應該是一個很不錯的名字。我們手拿的『武器』，頂多是平常遮風擋雨的傘；香港人不過只求安穩，但就算看不見晴天，也不見得願意被暴雨沾濕。『雨傘運動』代表著一場溫柔但堅定的運動，面對狂風暴雨，我們絕不逆來順受！」

他中斷了旅行，折返回面臨生死攸關的香港，從原來的「不在場」而「在場」，去付諸他在書中多次提及的「努力」。

是否「在場」其實相當重要，正如前蘇聯詩人阿赫瑪托娃（Anna Akhmatova）所寫：「我當時是和我的人民一起，處在我的人民不幸而在的地方。」我在有關二〇〇八年三月全藏爆發抗議的文字中也寫過：「當我重又回到拉薩，卻椎心刺骨地發覺，這期間，最重要的時刻，我並不在場。因為不在場，我變成了一個『他者』；因為不在場，我只能依賴在場者的記憶和訴說。雖然這些在場者都是我信賴的人，雖然他（她）們的言辭可以披露被遮掩和偽飾的真相，但我還是深感缺憾，並且甚覺羞愧。」

目前仍在香港進行的種種「抗命」意義深遠，即便如我遠在被高度「維穩」的拉薩也日夜關注。更有許多在中國境內的正義者同聲相求。也因此，被視為帝國大腦和心臟的北京已有五十多人被捕。我則被拉薩國保（公安部國內安全保衛部門，中國祕密警察組織之一）威脅噤聲，甚至被嘲諷：「妳去過香港嗎？香港的事跟妳有什麼關係？」我很想回應：「我當然想去香港，可是得不到政權掌控的證件，不是寸步難行嗎？」

而香港的事，說到底，表達的是林輝引述的里爾克（Rainer Maria Rilke）詩句：「你必須改變你的生活」，本質上與你我都有關係。如同林輝在這本書中所看見的、世界各地的事，也與你我都有關係。

二〇一四年十月寫

二〇一六年一月改

VIEW系列 033

樂土背後：真實西藏

作　者—唯色
主　編—陳信宏
責任編輯—王瓊苹
責任企畫—曾睦涵
美術設計—楊啟巽工作室
內文插畫—達非設計企劃工作室
董事長
總經理—趙政岷
總編輯—李采洪
出版者—時報文化出版企業股份有限公司
一〇八〇三台北市和平西路三段二四〇號四樓
發行專線—（〇二）二三〇六—六八四二
讀者服務專線—〇八〇〇—二三一—七〇五
（〇二）二三〇四—七一〇三
讀者服務傳真—（〇二）二三〇四—六八五八
郵撥—一九三四四七二四時報文化出版公司
信箱—台北郵政七九～九九信箱
時報悅讀網—http://www.readingtimes.com.tw
電子郵件信箱—newlife@readingtimes.com.tw
時報出版愛讀者粉絲團—http://www.facebook.com/readingtimes.2
法律顧問—理律法律事務所　陳長文律師、李念祖律師
印　刷—盈昌印刷有限公司
初版一刷—二〇一六年三月十八日
定　價—新台幣三六〇元
⊙行政院新聞局局版北市業字第八〇號
版權所有　翻印必究
（缺頁或破損的書，請寄回更換）

國家圖書館出版品預行編目（CIP）資料

樂土背後：真實西藏 / 唯色作. -- 初版. -- 臺北市：時報文化, 2016.03
面；　公分. -- (VIEW系列；33)

ISBN 978-957-13-6577-0 (平裝)

1.西藏問題　2.文集

676.64　　105003039

ISBN 978-957-13-6577-0
Printed in Taiwan

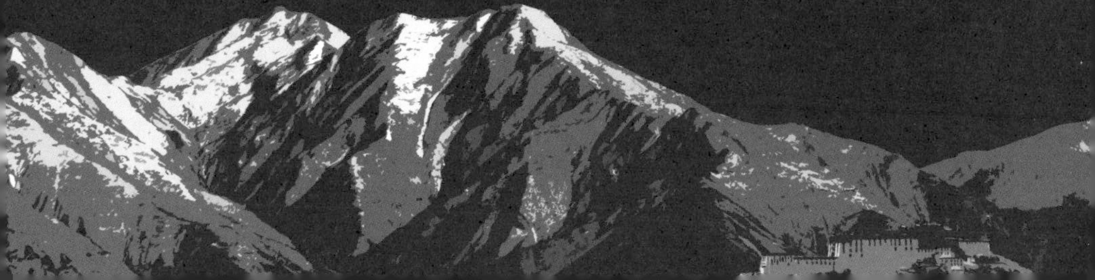

༄༅།། དག་ཞིང་གི་རྒྱབ་ཕྱོགས།།